DEBUT D'UNE SERIC DE DOCUMENTS
EN COULEUR

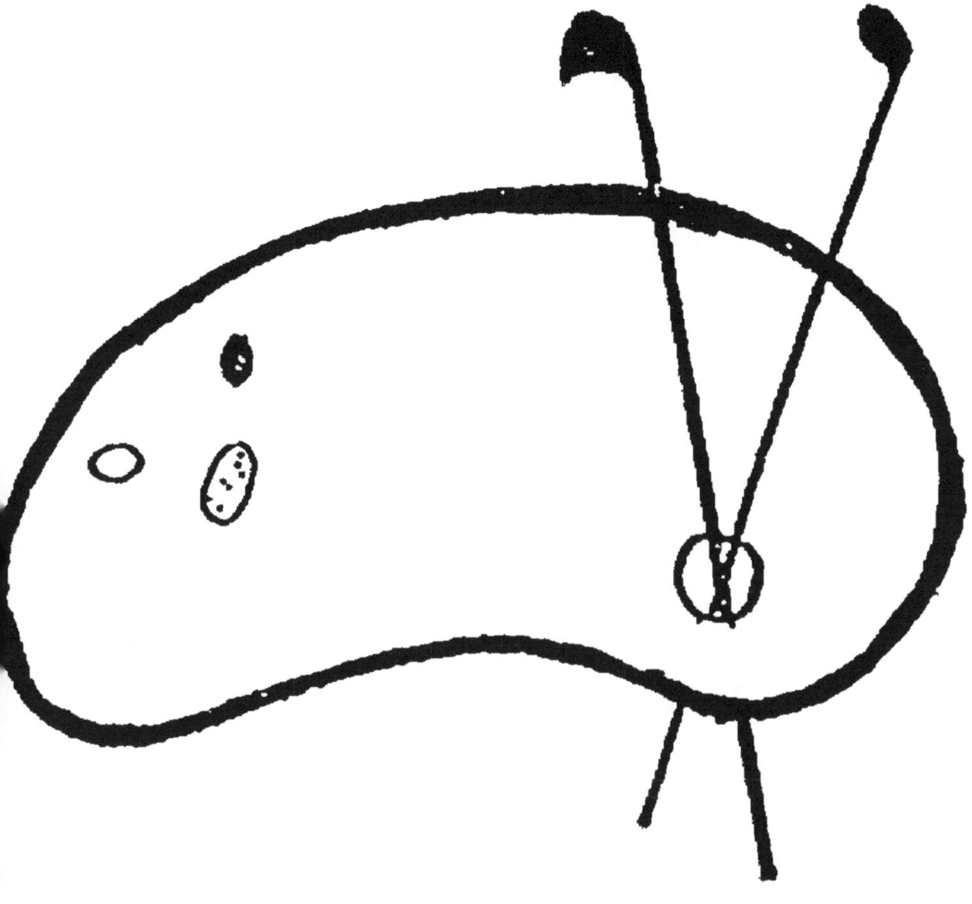

UN SYSTÈME

D'ORGANISATION

SOCIALE

PAR

LE CITOYEN XAVIER SAURIAC

———

CINQUIÈME ÉDITION

———

PARIS

IMPRIMERIE BALITOUT, QUESTROY ET C°

7, RUE BAILLIF. 7

1880

ŒUVRES DE X. SAURIAC

LE CATÉCHISME DU PROLÉTAIRE

UN SYSTÈME D'ORGANISATION SOCIALE

LA MORT DE JÉSUS,
Tragédie sociale

Paris. — Imp. Balitout, Questroy et Cᵉ, 7, rue Baillif.

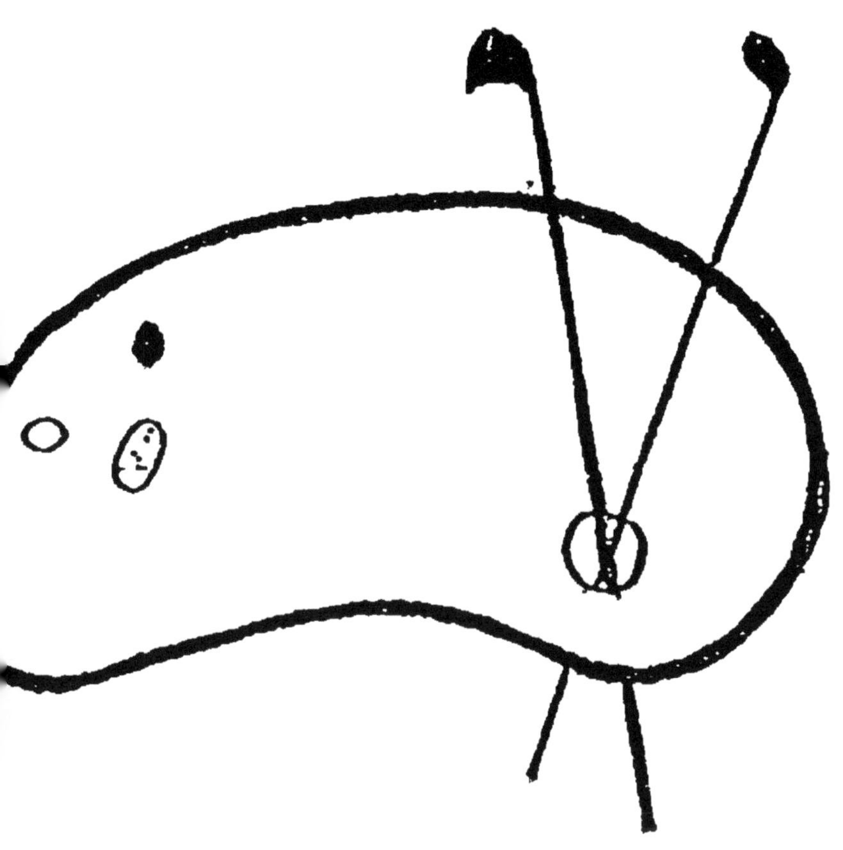

FIN D'UNE SERIE DE DOCUMENTS
EN COULEUR

UN SYSTÈME

D'ORGANISATION SOCIALE

ŒUVRES DE X. SAURIAC

LE CATÉCHISME DU PROLÉTAIRE

UN SYSTÈME D'ORGANISATION SOCIALE

LA MORT DE JÉSUS,
Tragédie sociale

Paris. — Imp. Bahtout, Questroy et Cᵉ, 7, rue Baillif.

UN SYSTÈME

D'ORGANISATION

SOCIALE

PAR

LE CITOYEN XAVIER SAURIAC

———

CINQUIÈME ÉDITION

———

PARIS

A. CINQUALBRE, ÉDITEUR

54, RUE DES ÉCOLES, 54

—

1880

NOTE PRÉLIMINAIRE

Quelque dénomination que les Peuples aient donnée jusqu'ici à leurs gouvernements, ces derniers n'en ont pas moins été les mêmes chez tous, à toutes les époques.

Chaque fois qu'une révolution, c'est-à-dire une explosion du progrès comprimé, a fait tomber le pouvoir des mains d'une catégorie de citoyens dans celles d'une autre, le nom de système, le personnel des magistrats, la forme ou les couleurs des insignes ont été changés, il est vrai, mais la pensée gouvernementale est demeurée invariable.

Or, de même que l'ignorance, la superstition, la peur, l'hypocrisie, la corruption, la délation, les cachots, les bagnes, les guerres au dehors, les massacres au dedans ont été les seuls moyens mis en pratique par les chefs des États, sans distinction de titres, de pays, ni de siècles, de même l'exploitation des masses a été continuellement leur seul but.

Aussi, peut-on dire que la politique, faussement définie l'Art de gouverner les Peuples, n'a été, de tout temps, que l'Art de les exploiter.

Il importe donc peu que les gouvernements s'appellent Théocratie, Empire, Monarchie divine ou héréditaire, Royauté élective ou constitutionnelle, République même, si le sort des Nations reste également déplorable sous chacun d'eux.

Que ce soit le prêtre, le soldat, le noble, le bourgeois, l'ouvrier ou le nouvel affranchi qui passent l'humanité au laminoir, ce n'est point là ce qui intéresse cette humanité. Ni le mode du supplice, ni le choix du bourreau ne peuvent être choses bien essentielles aux yeux du patient. Ce qui doit préoccuper celui-ci d'une manière exclusive, c'est la découverte du moyen propre à le préserver de la fatale exécution.

On conçoit que les Peuples, qui ont, aussi bien que les individualités dont ils se composent, leurs périodes d'âge, aient été la proie docile de toutes sortes de tyrannies, tant qu'ils sont demeurés dans l'enfance. Ils se trouvaient en un état d'impéritie tel qu'ils étaient incapables de connaître et de régler eux-mêmes leurs intérêts. Tenus, par l'esprit occulte du monopole, sous la double pression du besoin et de l'ignorance ; condamnés, par suite de leur condition traditionnelle de servitude, à des travaux pénibles et assidus qui, sans jamais améliorer leur existence matérielle au-delà de certaines limites calculées, s'opposaient, d'une manière presque invincible, à leur développement intellectuel ; formant, à leur insu, des corps sociaux sans contrat primitif, ou, du moins, sans garanties réciproques ; ayant, en un mot, les yeux complétement fermés à la lumière quant à ce qui concerne l'organisation d'un État, quant à la parité des droits et des devoirs à établir entre ses membres respectifs, ces Peuples devaient nécessairement courber la tête devant les croyances fausses, les lois iniques, les préjugés absurdes, les coutumes barbares dans lesquels ils naissaient, et dont on ne manquait pas, d'ailleurs, de leur présenter l'origine comme céleste, et, par conséquent, la durée comme éternelle.

Il était naturel que ces exploités, encore mineurs, élevés dans l'abjection de leur rôle ; entretenus systématiquement en dehors du domaine des idées ; ne soupçonnant pas la cause fratricide d'une monstrueuse inégalité qu'ils maudissaient sans doute, mais qu'ils supposaient à jamais indestructible, acceptassent avec résignation, sous quelque titre humiliant que les désignât l'histoire, les funestes décrets de ce hasard, de ce génie du mal qui avaient présidé à leur classement dans la chaîne des êtres, et s'abandonnassent, sans murmure, à la discrétion des exploiteurs, ainsi que l'animal domestique se plie aux volontés spéculatives du maître.

Rien ne doit étonner de la part de l'ignorance. Ce qui a été devait être.

Mais, la nature, en créant l'homme ignorant, n'avait pas voulu le condamner à demeurer toujours tel. Avec la vie et l'intelligence, elle lui avait donné l'instinct divin du progrès. Et l'émancipation plus hâtive des exploiteurs était un gage assuré de l'émancipation postérieure des exploités.

Grâce, en effet, aux exagérations mêmes du despotisme, grâce à quelques esprits avant-coureurs placés, de distance en distance, comme des phares de salut au milieu des siècles de ténèbres, grâce, surtout, à cet instinct rédempteur du progrès dont elle avait été dotée, l'humanité sortit enfin de ses langes. L'exploitation fut peu à peu démasquée. La pensée d'affranchissement naquit, et le travail révolutionnaire commença.

Toutefois, la connaissance et la haine de l'esclavage ne pouvaient suffire à amener le règne de la Liberté ou de l'Égalité sociale. Renverser des tyrans, ce n'était point anéantir la tyrannie. Aucun des sanglants triomphes remportés par les peuples sur leurs gouvernements ne fut suivi du résultat projeté. Les choses purent, un instant, prendre un aspect meilleur ; les effets purent cesser en apparence ; mais, la cause première d'asservissement continuant d'être, les mêmes conséquences ne manquèrent pas de se reproduire bientôt. Et l'adolescence des Nations se passa, ainsi, en luttes, sinon tout à fait inutiles, puisque chacune apporta quelque parcelle d'amélioration, et servit, en outre, d'enseignement, du moins trop peu radicales pour qu'aucune d'elles pût être considérée comme définitive. Le principe d'exploitation resta et est encore debout.

Ces luttes matérielles n'étaient donc pas les moyens par lesquels il aurait fallu que les classes opprimées entreprissent l'œuvre de leur affranchissement. L'étude d'un système nouveau d'organisation sociale, capable de détruire et d'empêcher désormais toute exploitation, eût dû rationnellement précéder les combats. Ce système une fois trouvé, compris et adopté par la multitude, le sang nécessaire à son établissement aurait du moins été répandu d'une manière profitable, et pour les générations du moment et pour celles de la postérité. Mais la pesanteur du joug sous lequel ils étaient ployés, le défaut d'une expérience qu'ils ne pouvaient encore avoir, et, principalement, l'absence de la presse, qui n'est venue que bien tard au secours de l'esclavage, doivent faire pardonner aux martyrs, qui s'insurgèrent dans les temps passés, les erreurs forcées qu'ils commirent, et qu'ils n'expièrent, du reste, que trop.

L'ignorance profonde des uns, l'instruction encore incomplète des autres, absolvent les exploités d'autrefois de toute récrimination.

Il n'en saurait être de même des exploités d'aujourd'hui. Les nombreuses et terribles écoles du passé, et les flots de lumière qui se sont répandus sur eux, notamment depuis quelques années, leur ont fait une position nouvelle.

Aussi, plus avancées en idées politiques qu'elles ne le furent jamais dans aucune autre nation ; quoique parfaitement édifiées, par leurs propres épreuves, sur le compte de tous les gouvernements qui ont conduit jusqu'ici les destinées humaines ; quoique pleinement convaincues de l'iniquité qui règne dans leur corps social et de la fausseté des bases sur lesquelles son ordre est établi ; quoique éclairées, enfin, sur les causes qui entretiennent les populations dans les conditions les plus disparates, les classes déshéritées, en France, au lieu de recourir, comme elles le firent encore naguère, au remède inefficace de la force brutale, conservent-elles un calme imperturbable, et ne répondent-elles que par le dédain aux provocations journalières que leur lance le despotisme aux abois.

Oui, en dépit de l'affreuse misère qui les étreint, en dépit de tous les efforts tentés par le vieux privilége pour les engager de nouveau dans quelque sanglante collision qui pût prolonger son agonie, les masses ouvrières demeurent stoïquement paisibles, et gardent un silence obstiné.

Mais cette attitude inoffensive, ce silence absolu, ne sauraient être interprétés comme un consentement à l'exploitation. Si l'immense parti prolétaire est parvenu à contenir ses douleurs, à refouler son indignation, à brider son courage ; s'il daigne permettre, quelque temps encore, la vie à un régime caduc dont il reconnaît toutes les monstruosités, c'est qu'il a compris à la fin que l'œuvre de la pensée doit toujours devancer celle du bras; c'est que, trop souvent victime de son excès de confiance et de sa promptitude à mettre le fer à la main, il a appris, à ses dépens, à ne procéder désormais qu'avec réflexion. Il ne répond point aux appels insensés de la minorité qui l'opprime et qui désirerait se galvaniser par le choc, précisément parce qu'il cherche le moyen de se débarrasser à jamais de la race des oppresseurs. Sa volonté est que, s'il faut en venir, une fois encore, à l'emploi terrible des armes, cette fois soit, du moins, la dernière. En un mot, les exploités actuels de France ne reculent pas; ils étudient.

Cette longanimité merveilleuse, cette impassibilité héroïque de la part d'un Peuple ardent, énergique, impatient du mieux, en témoignant de l'heureuse transformation qu'a subie son caractère, de la haute sagesse qui est venue dominer ses grandes et premières vertus, prouvent, du reste, que l'humanité, à la tête de laquelle il se trouve si légitimement placé, est sortie de l'âge des transports impétueux et des fautes qu'ils provoquent, pour faire son entrée dans celui de la saine raison et des faits sérieux.

Eh, bien ! c'est avec la pensée que je pourrai peut-être aider ce Peuple magnanime dans les investigations auxquelles il se livre tacitement, et qui intéressent à un degré si éminent toute la race mortelle, que je me détermine à faire paraître mon Système d'Organisation Sociale. Loin, à coup sûr, de le prétendre infaillible, et d'en vouloir imposer l'adoption à qui que ce soit, je n'ai d'autre dessein, en lui accordant les honneurs de la presse, que celui de fournir, selon mes facultés, ma part de travail dans la construction de la nouvelle arche d'alliance que réclament aujourd'hui tous les peuples, et de faire ainsi l'acte d'un bon citoyen.

Je publiai, il y a déjà trente-cinq ans, une brochure ayant pour titre : Réforme sociale, ou Catéchisme du Prolétaire. Cette œuvre fut saisie, dès son apparition ; et, le 2 du mois d'avril 1834, je comparus, à son sujet, devant la Cour d'assises de la Seine.

Néanmoins, le ministère public fut trompé dans son espoir. On n'avait peur alors que des républicains, c'est-à-dire de ces révolutionnaires égoïstes ou ignorants qui ne demandaient de changement que dans la forme politique, ainsi qu'ils l'ont si bien prouvé lors de leur passage au pouvoir. Les idées radicales du Socialisme avaient encore si peu de cours que l'exposé de ma doctrine parut probablement une excentricité sans importance aux yeux du jury ; et, en ma qualité de fol utopiste, j'obtins un verdict d'acquittement.

Mais la Cour des Pairs, plus ombrageuse ou plus prévoyante que la bourgeoisie parisienne, ne voulut pas me laisser le temps de m'occuper de ma publication. Elle m'impliqua dans l'échauffourée qui eut lieu onze jours après mon acquittement, et qui est connue sous le nom d'*Affaire des 13 et 14 avril* 1834 ; elle ordonna mon arrestation à deux cents lieues de la capitale ; me fit traîner, par la gendarmerie, jusqu'au palais du Luxembourg ; et, là, m'ayant accusé de *complot,* et n'ayant pu étayer son accusation de la moindre preuve, finit par me condamner pour *attentat,* après m'avoir infligé deux années entières de prévention.

Mon Système de Réforme Sociale demeura donc forcément dans l'obscurité, si ce n'est dans un entier oubli. Les six mille exemplaires que j'en avais fait tirer disparurent pendant que j'étais sous les verrous, à Clairvaux.

Quand la Révolution de Février éclata, je pensai qu'il n'était plus temps de mettre des théories au jour. Je crus que l'heure de la transformation sociale venait de sonner, et qu'il s'agissait d'y coopérer bien plus par des actions que par des écrits.

Mon illusion à cet égard ne fut pas longue, il est vrai. Au lieu de songer à une organisation nouvelle de société, les chefs proclamés à l'Hôtel-de-Ville par le parti vainqueur s'empressèrent de faire alliance avec les renégats du parti vaincu ; et je vis, en quelques mois, la France revenue à son ancien gouvernement, qui n'avait fait, ainsi, que changer de titre, et mettre en relief quelques nouveaux personnages.

Alors, je revins, à mon tour, à mon ancienne idée de publication. Je revis mon système ; j'y ajoutai les développements que j'avais été contraint de supprimer dans ma brochure, qui, par sa brièveté forcée, n'avait pu être qu'une espèce d'aperçu ; et je le livrai à l'impression sous le titre de : *Un Système d'Organisation Sociale*.

Le moment de le produire me semblait d'autant plus opportun que, d'un côté, j'entendais tous les partis ligués de la Conservation défier, avec une morgue triomphale, les diverses écoles socialistes de formuler, d'une manière précise, leurs principes et leurs moyens d'application, et, que, d'un autre, les innombrables adeptes de la science nouvelle me paraissaient attendre, avec une vive impatience, que, soit de la tribune, soit de la presse, il s'échappât quelque réponse claire et satisfaisante à ce défi fanfaron.

Malheureusement, j'étais de nouveau en prison quand cette deuxième édition parut. (J'expiais le crime d'avoir écrit et publié la tragédie sociale de *la Mort de Jésus*.) Et pendant ma captivité, tous les exemplaires d'*un Système d'Organisation Sociale* furent enlevés, comme par enchantement, et sans qu'il en fut jamais plus question.

Puisse cette troisième édition, dont la Révolution Espagnole m'a semblé démontrer l'actualité, avoir meilleure chance que les deux qui l'ont précédée, et ne point tomber, à son tour, dans les mains d'acheteurs si empressés et puis si discrets !

1869.

UN SYSTÈME

D'ORGANISATION

SOCIALE

CHAPITRE PREMIER

Plus on médite sur la cause première des maux que l'égoïsme ou l'ignorance prétendent inhérents à certaines classes de l'humanité, plus on demeure convaincu que c'est dans le plan vicieux, dans l'organisation manquée des corps sociaux qu'elle réside.

Oui, ces deux éléments opposés de bonheur et de misère, c'est à-dire de richesse et de pauvreté, qui forment ici-bas les conditions, et les tiennent constamment séparées, proviennent de l'inopportunité des institutions fondamentales, que les Peuples, encore trop peu avancés sur la route du perfectionnement, n'ont pas eu la sagesse de se créer telles qu'il les leur fallait, et non de ce hasard, de cette fatalité que le malheureux ne cesse

de maudire, parce qu'il ne sait à qui s'en prendre de ses douleurs.

La différence dans les destinées n'émane point
d'un arrêt des cieux : elle résulte uniquement de
l'incapacité humaine.

Oui, si les hommes souffrent, c'est parce qu'ils
n'ont pas été jusqu'à présent assez habiles pour
écarter leurs souffrances. Ils n'ont d'autre génie
du mal à subir, ou plutôt à combattre, que celui de
leur propre impéritie. Le sort actuel des masses
dépend de leur cécité intellectuelle.

Mais, il est une raison suffisante pour que ces
masses, s'améliorant avec les années, et remé-
diant graduellement aux fautes qu'elles ont été
contraintes de commettre depuis l'origine inconnue des sociétés, réussissent enfin à chasser entièrement le malheur de la terre, ou, ce qui re-
vient au même, à fonder un nouveau pacte social,
par lequel se trouveront à jamais détruites les
inégalités d'éducation, de fortune et de rang,
qu'il faut considérer comme les véritables agents
des maux innombrables qui assiégent ce pauvre
petit globe.

En effet, si l'histoire affligeante de tous les
Peuples qui ont successivement fait tête à la
civilisation, autorise à supposer que l'humanité,
parvenue à un certain degré de perfectionnement
qu'il ne lui est pas permis de dépasser avant telle
ou telle époque, doit, par une cause désastreuse
quelconque, chuter périodiquement de toute sa

hauteur, et passer par un état de barbarie et de mort, pour renaître et recommencer à parcourir les divers âges d'une nouvelle existence, on ne peut toutefois nier que, depuis le moment de son espèce de résurrection jusqu'à celui de quelque autre crise fatale, cette humanité ne soit soumise à une loi constante d'amélioration. Le tableau gradué de sa condition à chaque siècle en est une preuve irrécusable. Il est même à présumer que ces révolutions gigantesques qui ont, tour à tour, abîmé et élevé les empires, et que les dénégateurs intéressés de la perfectibilité humaine prétendent revenir à des temps fixes, exprès pour maintenir l'homme en dedans de la ligne posée par la nature comme barrière à ses empiétements, en détruisant soudain presque toute sa race, en submergeant ou en incendiant tous les résultats de ses labeurs traditionnels, ainsi que tous les moyens d'investigation qu'il avait su se créer, en replaçant enfin ce chef des êtres, devenu puissant par l'expérience et l'association, dans un état d'enfance et d'isolement, ne font que ralentir sa marche, mais ne l'empêchent pas d'être continue.

Comme le progrès se manifeste, non-seulement par l'augmentation du bien-être moral, intellectuel et physique, produit par les sciences, les lettres et les arts, mais encore par sa répartition plus égale entre les hommes, on est porté à croire, lorsqu'on étudie les époques, et lorsqu'on balancé à la fois la somme relative des biens que

possédait chacune d'elles, et le nombre proportionnel des individus appelés à en jouir, qu'il y a
gradation d'un cataclysme humanitaire à un autre.
On est amené à penser que les générations postérieures au dernier bouleversement, par exemple,
après avoir atteint le mieux auquel s'étaient éle-
vées, mais avaient été forcées de s'arrêter, les générations antérieures, ont déjà poussé, ou pousse-
ront, un jour, ce mieux, plus avant que celles-ci;
non pas peut-être sous le rapport de tel ou telle
spécialité, au-dessous de laquelle il se pourrait
même qu'elles demeurassent constamment, mais,
en général, sous le rapport du développement et
de l'exercice de toutes les facultés humaines.

Au reste, je laisserai de côté, comme inutile à
traiter ici, cette partie grandiose de la question.
Ce que je me propose de constater maintenant,
est moins le progrès de l'humanité, dans toute
l'étendue de sa carrière, dont les termes sont
ignorés, que le progrès indispensable des institutions fondamentales, par suite de celui de
l'homme-individu, envisagé comme chiffre d'un
corps social, et enfin la tendance naturelle et
générale des Peuples vers l'Égalité, dernier but
qu'ils veulent atteindre.

Tous les hommes sont nés avec l'instinct d'un
mieux progressif et illimité : c'est un fait incontestable. Pas un d'eux n'est pleinement satisfait
de son sort présent, quel qu'il soit. C'est toujours
dans l'avenir que chacun place l'accomplissement

de sa félicité. Le lendemain lui apparaît sans cesse plus brillant et plus riche de bonheur que le jour où il vit; et l'espérance, cette éternelle berceuse du genre humain, qui s'empare de l'être, dès l'instant où sa pensée se développe, pour ne plus le quitter qu'à la tombe, n'a pas plutôt touché le but qu'elle fixait d'abord, qu'aussitôt elle reprend son vol vers un nouveau. Ce penchant vers l'amélioration, qui, du reste, est fort heureux, puisque c'est à lui que tout, en ce monde, doit son perfectionnement, se fait si bien sentir, que ceux-là même qui sont parvenus au bout supérieur de l'échelle sociale, et qui se trouvent, par conséquent, environnés de tout ce qui est susceptible d'ajouter quelque douceur à l'existence, rêvent encore une augmentation de bien-être, en delà de la ligne des jouissances qu'a inventées l'esprit fécond du luxe et de la paresse. N'ayant rien à envier à leurs inférieurs, du côté matériel s'entend, puisqu'ils possèdent tous les moyens de les dépasser et de planer au-dessus d'eux, ils se lancent néanmoins dans des suppositions et des essais extravagants, inventent des plaisirs et des émotions fantastiques, poursuivent avec fureur des chimères, emploient enfin leur vie à délirer, et meurent très-souvent malheureux au comble des félicités terrestres. Nous avons, chaque jour, sous les yeux, des exemples frappants de cet espèce de désordre frénétique qui s'empare parfois des hommes le plus éminemment placés, et des égarements immoraux auxquels ils peuvent se livrer, cherchant à ajouter des sensations nouvelles à un bonheur déjà trop complet.

Mais, puisque les hommes, arrivés au faîte des grandeurs et des voluptés, ne sauraient s'y maintenir paisibles ; puisque la pensée d'un mieux dont ils semblent pourtant avoir atteint la dernière limite, et qu'ils n'apprécient plus, par cela seul qu'ils le possèdent, les tourmente encore au point de risquer gratuitement de se perdre, est-il dès lors étonnant que ce qu'on appelle aujourd'hui le Peuple chez nous, c'est-à-dire la réunion des classes le plus arriérées sur le chemin de la civilisation, soit avide, sinon d'un renversement politique qui ne saurait guère lui être profitable, du moins d'une réforme sociale dont l'Égalité devienne la première base ? En recherchant cette Égalité si flatteuse au moment actuel, le Peuple ne fait que suivre son instinct progressif ; et c'est bien moins elle, après tout, qu'il ambitionne que l'amélioration en général.

Les masses ne désirent, en effet, l'Égalité que parce qu'elles se trouvent placées au-dessous du mieux ; et, quand elles exécutent une révolution, ce n'est pas, à coup sûr, une substitution de gouvernement, un renversement de personnes et de systèmes particuliers d'administration, ou mieux d'exploitation, qu'elles ont en vue, puisqu'elles sont trop ignorantes pour être à même de juger de l'inopportunité des uns et des autres. Une augmentation de bien-être, une amélioration de sort : voilà tout simplement ce qu'elles se proposent. Mais comme il est dans la nature humaine de se montrer insatiable ou plutôt progressive, il arrive que le Peuple, après avoir fait un pas, en veut essayer un second, puis un troisième, ainsi de suite, jusqu'à ce qu'il soit enfin parvenu au point de niveau du petit nombre de privilégiés qui le dominent, et qu'il veut naturellement imiter jusqu'au bout.

Il est donc évident, pour tout homme qui réfléchit, que c'est une réforme sociale qui amène avec elle un régime d'Égalité que le Peuple recherche graduellement, sans s'en rendre raison, sans s'en douter lui-même. Voilà pourquoi le jour où sa cause devra être plaidée en dernier ressort, bien moins avec l'institution m narchique, comme le croient encore certains politiques à vue basse, qui prêtent aux classes inférieures plus d'esprit qu'ils n'en ont eux-mêmes, qu'avec l'aristocratie en général, le nombre des insurgés se trouvera si considérable ! C'est que tous ceux qui sont actuellement rangés sous un drapeau quelconque d'opposition populaire veulent un changement matériel aussi bien que moral dans leur position, une amélioration physique aussi bien qu'intellectuelle, en un mot, un progrès sensible, un mieux positif, plutôt qu'une royauté, ou qu'une république, ou que tout autre gouvernement nouveau, dont ils sont loin de soupçonner l'organisation. S'ils ne s'attendaient pas à récolter quelques bons fruits de leurs efforts, on ne les verrait pas travailler avec tant d'ardeur et de constance au renversement des pouvoirs successifs. Cet espoir seul les soutient ; et, sans lui, peu leur importerait par quelles mains leur seraient imposées leurs chaînes. Les masses ne peuvent être ni monarchiques ni républicaines. Elles prendront une opinion, sans doute, par la suite, c'est-à-dire avec l'instruction ; mais, aujourd'hui, si ce n'était le sot préjugé qui pèse encore sur l'indigence dans notre corps social, ce serait le titre de pauvres qu'elles devraient adopter.

Eh! qu'importent, en effet, au pauvre, tel homme, tel principe, tel nom de gouvernement? Ce n'est point là ce qui l'intéresse. Le pauvre demande du pain, des vêtements, un toit ; et tout système administratif qui ne lui donne pas ces objets de première nécessité, ou qui ne les lui accorde que provisoirement, et sans les lui assurer pour la suite, est, à ses yeux, bon à renverser. A force de roueries, le petit groupe de monopoleurs peut bien parvenir à l'apaiser pendant un certain temps, à lui faire même oublier sa misère, en lui jetant quelques bribes comme à un chien, en lui donnant de quoi s'étourdir sur son sort durant quelques heures, en cherchant enfin à l'abrutir encore davantage par le refus d'instruction et par l'augmentation des charges; mais, ainsi que je l'ai déjà dit, il existe une raison suffisante pour que les deux divisions qui composent actuellement toutes les sociétés humaines, et que l'astuce, l'ignorance et le besoin font vivre encore assez paisiblement ensemble, l'une heureuse et puissante par les sueurs de l'autre, celle-ci misérable et faible par les deniers de la première, cessent de se trouver dans un état aussi monstrueux. La lumière se propage, en dépit de tous les obstacles; on a beau chercher à l'éteindre; ses rayons divins ont commencé à traverser les haillons; et, quand ils auront enfin pu s'étendre indistinctement sur chacun des membres du corps social, il adviendra certainement un jour d'équilibre, un jour de véritable justice. Déjà, le pauvre n'est plus ce qu'il était il y a soixante ans. Il a, depuis, entendu des mots, qu'il a étudiés, et qu'il a fini par comprendre. Il reporte, aujourd'hui, ses yeux sur lui-même, s'examine, s'interroge, se juge et se reconnaît. Déjà, il toise le riche, se compare à lui, envie, non-seulement sa fortune, mais encore son instruction, et jusques à ses manières. Il pense que, sous un autre contrat social plus favorable aux classes prolétaires, son fils deviendrait peut-être riche et lettré à son tour; et cette seule idée lointaine de progrès, qui procure à son cœur des battements de joie, suffit pour lui faire attendre avec impatience le son terrible du tocsin. Et voilà pourquoi les sociétés actuelles, comme le furent auparavant les anciennes, sont dans un état de défiance et d'alarmes perpétuel !

C'est, encore une fois, une Égalité sociale, par suite d'une réforme dans les institutions premières, que les masses recherchent, en général, et sans s'en rendre compte. C'est là ce que désire particulièrement la France ! C'est là ce qu'il lui faut ! Elle le sent par instinct ; et les mouvements convulsifs qui l'agitent, presque à chaque renouvellement de génération, ne doivent pas avoir d'autre principe aux yeux de celui qui sait lire l'histoire.

En effet, la Révolution de 1789 ne devait pas avoir seulement pour but de déraciner du cœur de la Nation les priviléges monstrueux que l'aristocratie de la noblesse et du clergé s'y était implantés, et d'étouffer, d'un seul coup, toutes les idées avilissantes de la féodalité : elle devait se proposer aussi nécessairement de changer la constitution de la France ; et la preuve en est en ce qu'elle avait déjà jeté les premiers fondements de la Démocratie sur les ruines de l'Etat monarchique. Mais, alors, apparut sur la scène un soldat qui, profitant du désordre des circonstances, de l'incapacité ou de la mauvaise foi des hommes culminants, et, surtout, de l'ignorance des masses et du miraculeux ascendant qu'elle lui donnait, fit faire halte à la pensée libératrice, osa même bientôt la refouler jusqu'au point d'où elle était partie, s'installa chef d'un corps social qui n'en voulait plus avoir, et, couvrant enfin ses actions du prestige de la gloire, reconstruisit, sans que personne songeât à l'en détourner, le gouvernement despotique dans toute sa hideuse énergie. Ce fut sans doute un grand malheur pour la cause de l'indépendance que cet épisode brillant et rapide d'un soldat ; et, sans l'éclat inouï dont il a fait resplendir les pages de notre histoire, les regrets devraient être encore bien plus vifs. En effet, si la réforme, déjà commencée, par des moyens insuffisants, il est vrai, eût pu continuer sa marche, peut-être qu'après bien des fautes inévitables dans tous les commencements, et dont auraient été victimes ces mêmes hommes qui moururent pour l'empire, et qui, par conséquent, ne furent pas moins sacrifiés, serait-elle enfin arrivée jusqu'à nous forte, imposante et facile, telle, en un mot, que tous les cœurs généreux la désirent, et telle qu'on prétend son existence impossible. Sans contredit, ce fut là le principal et secret mobile de la révolution de 1789. L'extinction de la féodalité ne devait être qu'un de ses résultats.

L'esprit tacite qui fit éclater celle de 1830 était absolument le même. Il est impossible de ne pas le reconnaître, lorsqu'on embrasse d'un coup d'œil rapide la marche générale des choses, et lorsqu'on ne se laisse pas égarer et perdre dans les détails, dont le propre est toujours de détourner l'esprit du but, en l'occupant sur la route qui y conduit.

Le soldat qui avait tout surpris, tout fixé, tout comprimé, tout paralysé, n'était plus. L'aigle au regard superbe, au vol rapide, aux puissantes serres, était à la fin tombé sur un roc sauvage, au milieu des mers, frappé par les flèches anglaises. L'homme qui, non-seulement avait arrêté la liberté dans sa course, mais qui avait anéanti toutes les idées d'affranchissement ; qui avait tantôt enivré, tantôt effrayé son pays du chant de ses victoires ; qui avait séduit même les plus chauds partisans de l'indépendance, jusqu'au point de les rendre les instruments de son despotisme privé ; qui avait enfin halluciné l'Europe par l'éclat de ses armes, et qui prétendait river les fers du monde entier ; cet homme, dis-je, avait disparu pour la dernière fois. Fatigués par une trop longue tension, les esprits étaient d'abord tombés dans une sorte d'engourdissement. La France, haletante, épuisée, couverte de blessures, s'endormit ; et ce fut pendant ce sommeil de douleur que s'opéra la honteuse Restauration. Mais, la France se réveilla bientôt ; elle vit avec effroi les chaînes que des mains étrangères lui avaient imposées ; elle reconnut ses fautes ; elle comprit qu'elle avait été sous la fascination, sous le magnétisme du génie militaire ; elle déplora les scènes terribles qui naguère occupaient le continent ; elle travailla à cicatriser ses plaies, à réparer ses pertes ; et, remontant la route sanglante qu'elle venait de parcourir, reprit en main l'œuvre de transformation qu'elle avait abandonnée depuis quinze ans. Au bout d'un pareil nombre d'années de travail, elle pensa que l'heure de la produire de nouveau pouvait être sonnée ; et la Révolution de 1830, sœur de celle de 1789, éclata brillante et pure, comme les jours qui lui prêtèrent leur soleil.

Mais, quelle révolution peut réussir tant que les masses restent plongées dans l'ignorance !

Bientôt, en effet, le vertige de quelques hommes et la fourberie de quelques autres détournèrent une deuxième fois la Nation de l'idée qu'elle avait poursuivie aveuglément avec tant de persistance. Des bateleurs la contraignirent par leurs prières, leurs promesses, leurs serments et leurs mensonges, à accepter, avant même qu'elle eût le temps de réfléchir, un gouvernement d'individualisme si éhonté qu'il finit par tomber, à son tour, sous le poids du mépris général.

La Révolution de 1848, suite et conséquence des deux précédentes, manifesta encore plus haut que ses aînées la pensée motrice. On ne sait malheureusement que trop combien cette pensée identique de réforme radicale a été promptement trahie ! Et tous nos efforts, depuis la Bastille, à bien prendre la chose dans sa réalité, n'ont eu d'autre résultat que celui de substituer le capitaliste au marquis.

2.

Or, ceci soit dit en passant, est-il une aristocratie plus dégoûtante que l'aristocratie d'argent ?
Mieux valait encore, pour ainsi dire, celle de noblesse, avec son clinquant et ses fanfaronnades.
Il y avait au moins chez elle quelque chose de
bon parfois, chevalerie, courage, loyauté, largesse
surtout. Mais, dans celle de bourse, que trouve-
t-on ? Mépris profond et bien visible pour tout ce
qui n'est pas riche ; ignorance épaisse de tout ce
qui n'est pas finance ; rapacité de vautour à
l'égard du prolétaire qu'elle dévore ; avarice sor-
dide, car elle se voit toujours au moment de tout
perdre, et a toujours peur de manquer de tout ;
enfin, cruauté de tigre, ou, si l'on aime mieux,
de loup-cervier, envers le pauvre diable qui s'a-
vise de raisonner sur sa propre position, et de la
comparer à celle du riche. La crainte de se voir
attaqués dans leurs heureux loisirs, dont ils sen-
tent tous intérieurement l'injustice, rend ces
hommes qui possèdent, des animaux farouches,
des bêtes vraiment féroces. Ils aperçoivent un
ennemi dans tout individu qui n'est pas opulent
comme eux ; souvent même, jettent-ils des regards effrayés sur leurs propres rangs. Le prolétaire est, à leurs yeux, un voleur, un incendiaire,
un assassin ; et cette affreuse conviction, qu'ils
ne devraient pourtant pas avoir conservée, après
tant d'occasions qui leur ont fourni des preuves
du contraire, les fait entretenir des fusils toujours
prêts à répondre aux plaintes que la raison et

l'humanité leur adressent. Ne pouvant détruire logiquement l'objection, ils tuent l'argumentateur. Que ne se tenait-il à sa place, disent-ils ensuite, sans vouloir avouer que cette place n'était pas tenable.

Mais, revenons !

Il est donc bien démontré à tout homme qui raisonne que c'est une réforme sociale, qui amène l'Égalité, que le Peuple poursuit à son insu, et par instinct naturel ; et que, s'il n'a pas encore réussi dans ses efforts, c'est précisément parce qu'il n'est pas capable d'analyser ses vœux.

Si le riche, comme je le disais tout à l'heure, rêve encore des chimères, quoique au sein des félicités terrestres, est-il, dès lors, surprenant que le pauvre ambitionne les mieux que celui-là dédaigne? Ce qui doit étonner, c'est de voir les hommes parvenus au faîte de la civilisation, c'est-à-dire du bonheur de ce monde, refouler, au lieu de les appeler vers eux, ces mêmes masses qui, par leurs efforts généreux, les ont aidés à y parvenir. L'ingratitude de ces privilégiés est telle qu'on voit arriver avec une sorte de plaisir ces jours de terrible vengeance où le Peuple, dans un de ces bonds que la rage lui fait faire parfois, les saisit de sa main calleuse sur leur position élevée, les précipite sous ses pieds, les écrase, et se sert de leurs cadavres pour se grandir d'un échelon.

Le Peuple, lui, n'est blasé que sur la misère ;

et il y a sous ses yeux le spectacle de toutes les commodités de la vie : il en est même l'auteur. Aussi, est-ce là ce qu'il désire, n'étant pas encore assez avancé pour pouvoir ambitionner plus que des avantages physiques. Ses vœux sont bornés à ce qu'il voit et comprend. Des aliments, des habits, des maisons, ainsi que je l'ai dit plus haut, voilà les premiers objets dont son âme convoite la possession ! Et ces objets ne sont point chimériques, comme ceux que poursuit l'imagination vagabonde et déréglée du riche insatiable. Il peut les acquérir tous ; car ils sont tous bien réels et palpables.

L'instruction, qui devrait être le premier but de ses recherches, en est le dernier, parce que son prix ne lui est pas assez connu. Peu lui importent les fonctions, les honneurs ! Il n'en est point encore là. Il faut, pour qu'il y arrive, qu'il ait parcouru toute la chaîne de progrès qui constitue l'état actuel de la civilisation ; et ses vœux marchent graduellement, comme sa condition. Le Peuple fait malheureusement son éducation à l'envers. S'il pouvait commencer par cultiver son moral, avant de songer aux améliorations matérielles, il finirait nécessairement par obtenir celles-ci, et par les conserver, car l'instruction lui en donnerait les moyens ; tandis qu'il ne ressent le besoin de cette dernière qu'au fur et à mesure des éclairs de lumière qui viennent frapper son cerveau ; et les légères concessions qu'il obtient par la force brutale, et qui lui coûtent toujours si cher, lui sont quelquefois enlevées de nouveau par la ruse, sans que son ignorance lui ait permis de s'en apercevoir. Mais, par le vice même des institutions sociales, la partie souffrante de l'humanité, c'est-à-dire l'humanité presque entière, se trouve dans cet état forcé d'ignorance.

L'aristocratie, qui l'exploite, a pour elle l'avantage de l'organisation ; et elle s'oppose à ce que la lumière, qui lui sert à pressurer les masses, se répande sur elles ; car l'instruction de ces masses deviendrait infailliblement sa propre ruine. Aussi, le Peuple ne connaît-il guère que le besoin matériel lui-même, et ne cherche-t-il qu'un moyen de le satisfaire, sans se douter de celui qui, seul, pourrait l'apaiser pour jamais. Et, dès lors, il se précipite en aveugle sur tout ce qui paraît devoir le calmer provisoirement, ne s'embarrassant pas de l'avenir qui le replongera, sans nul doute, dans la situation dont il sort momentanément par violence.

Le Peuple voit qu'il bâtit des palais, des châteaux, des hôtels, des maisons splendides ; et qu'il habite, lui, dans des caves, des galetas, des granges, des écuries, des cabanes, s'il ne couche tout à fait en plein air. Le Peuple voit qu'il défriche la terre, l'ensemence, lui fait rapporter d'abondantes moissons ; qu'il élève des troupeaux nombreux, et qu'il manque souvent de pain ; qu'il tisse de magnifiques étoffes, et qu'il n'a que de mauvais haillons pour se couvrir; qu'il fabrique des carrosses somptueux, pour s'en faire écraser, lui, qui peut à peine avoir des sabots ; enfin, le Peuple voit qu'il se harasse, s'épuise, se tue, pour une poignée d'heureux ingrats qui vivent séparés de lui par des gardes, refusent de le reconnaître, et se rient de sa fertile abjection.

Voilà ce qui frappe les yeux du Peuple, ce qui allume, de temps en temps, sa colère ! voilà ce à quoi il cherche à remédier dans ses révolutions ! Mais, n'ayant pas assez de lumière dans l'esprit pour trouver juste l'endroit où il faudrait frapper le mal, il se jette en aveugle furieux sur tout ce qui le blesse, assouvit un instant sa colère, adopte tous les systèmes absurdes que lui proposent des hommes qui, sans être capables de le diriger, le dominent néanmoins par la véhémence du style, si ce n'est par la hauteur de la pensée, se trompe, s'aperçoit de ses erreurs, et, fatigué de l'incertitude de ses efforts, redevient calme, et rentre insensible dans l'ornière d'où il était sorti. C'est là sa marche habituelle. On a vu comment il s'est conduit depuis 1789. Après trois luttes sanglantes et trois victoires incontestables, il a présenté ses robustes poignets aux chaînes de nouveaux maîtres, semblable au lion qui rentre lui-même dans sa loge, au sortir du combat, et sur lequel la main débile d'un cornac se hâte de faire retomber la grille de fer.

Ce sont là des faits irrécusables, et qui devraient lui servir d'enseignement pour le temps à venir. Que fera-t-il, en effet, quand il aura terrassé une fois de plus ses ennemis, dans la lutte prochaine ? Par quels moyens parviendra-t-il à s'assurer son indépendance et son mieux être ? Hélas ! un nouveau chef, ou, tout au moins, de nouveaux aristocrates, s'il ne fait que toucher à la forme et au personnel de son gouvernement, sont là qui épient déjà la fin de la bataille, et se préparent à duper le vainqueur, à leur tour, avec de belles promesses, de superbes discours, des serments à faire trembler les parjures. Car, le Peuple, qui, de tout temps, a été exploité par les aristocrates, ne les connaît pourtant pas encore. Parce qu'il est impatient de liberté, et cherche à briser son joug, il se figure que tout individu qui se jette dans ses rangs et feint de vouloir lui prêter main-forte, est essentiellement un ami, un philanthrope qui se sacrifie pour le bonheur des masses. Il ne s'informe point si ce généreux auxiliaire a des motifs particuliers qui le font agir et crier quelquefois plus haut que lui-même. Il ne voit que la manifestation hostile du moment contre le système qu'il abhorre, l'opposition à ce qu'il cherche à détruire. Son œil n'est pas assez exercé pour darder ses regards jusqu'au plus profond des âmes. Il ne consulte point l'expérience : il n'a point de mémoire ; et son occupation du moment l'empêche de rien prévoir. Sa passion l'absorbe. Il ne voit pas que ceux qui feignent de vouloir le délivrer lui préparent en secret dé nouveaux fers. Il n'aperçoit que le bras qui s'avance comme libérateur, sans songer que bientôt il pourra devenir tyran. Plein de confiance dans son courage et dans sa force, trop loyal, d'ailleurs, pour supposer la basse et noire trahison, il s'abandonne franchement et sans réserve à quiconque semble combattre pour sa cause.

Et constamment le Peuple sera donc le jouet des fourbes les plus impudents, des menteurs les plus audacieux !

Non, il n'en peut être ainsi désormais. Les filets qui sont tendus à son ignorauce par l'aristocratie, de quelque nature qu'elle soit, sous quelque forme, sous quelque habit qu'elle se présente, de quelque nom qu'elle s'affuble, doivent être à la fin rompus.

Il est temps qu'il se montre de ces hommes qui, n'étant conduits dans leurs travaux pénibles et dangereux que par pur sentiment de philanthropie, par envie de concourir au bonheur de la race humaine, en aidant la justice à établir enfin son règne sur la terre, qui, n'ambitionnant, en un mot, que la gloire d'avoir aidé la civilisation dans sa marche, et celle d'avoir fait faire un pas au perfectionnement, déchirent de leurs mains hardies l'épais bandeau qui couvre les yeux du Peuple, et indiquent à ce Peuple les moyens d'atteindre le but qu'il se propose, après lui avoir appris à le connaître.

Il est temps que ces hommes, qui doivent se déclarer hautement Peuple comme lui, se dire de la même chair, du même sang, des mêmes os, se montrer prêts à répondre plus tard des conseils qu'ils lui auront donnés, et à sacrifier leur vie, s'il le faut, pour sa cause, en bravant la vengeance de toutes les aristocraties, l'éclairent sur ses intérêts, et lui préparent, en lui dévoilant les moyens d'exécution, un meilleur et plus noble avenir.

Quant à moi, c'est une mission de ce genre que je me suis imposée ; et je ne suppose pas que mon dévouement puisse paraître coupable aux yeux de quiconque n'est pas ennemi déclaré du genre humain.

CHAPITRE II

Tant que le droit de suffrage n'est pas univer-
versel, et, même, tant que ce droit, étant universel, se trouve exercé par des populations ignorantes, les gouvernements, à quelque classe de
citoyens qu'ils appartiennent, et quelque dénomination trompeuse qu'ils adoptent, n'en demeurent
pas moins aristocratiques.

Or, les pouvoirs de cette nature sont essentiellement ennemis des Nations.

Formés constamment d'hommes qui, par droit
de succession, par monopole industriel, ou même
par charges administratives, possèdent de quoi
fournir leur carrière avec superflu, avec aisance,
ou, du moins, avec économie, de semblables gouvernements peuvent-ils, en effet, désirer autre
chose que la durée du présent, bon ou mauvais,
puisqu'il est toujours bon pour eux? Chacun
n'apporte-t-il pas, d'ailleurs, avec lui son système
d'exploitation? Chaque système n'est-il pas re-

présenté par un certain nombre d'individus? Et ces individus ne sont-ils pas intéressés à maintenir le *statu quo,* pour se maintenir eux-mêmes? Car, s'il survenait un changement dans le système, ne devrait-il pas y en avoir un aussi dans le personnel qui en est la traduction vivante ?

Par le fait seul de leurs emplois, tous les hommes qui composent les gouvernements aristocratiques sont donc ennemis mortels d'un mieux quelconque. Ces privilégiés, possesseurs de ce qu'on appelle une position sociale, entièrement dominés par l'égoïsme, sont ouvertement opposés à toute marche de l'humanité, sinon rétrograde, du moins progressive. Le mouvement est leur épouvantail. Peu leur importe le bonheur de tout ce qui n'est pas eux-mêmes. Comme l'amélioration exige le changement, et comme ce dernier attaque nécessairement, à son tour, les positions individuelles, ils ont en horreur toutes les idées novatrices. Le mot révolution leur crispe les nerfs. N'ayant pour opinion que la volonté fixe de conserver leur bien-être, ils pâlissent au moindre choc des partis politiques, et se tiennent, du reste, toujours prêts à saluer le vainqueur, quel qu'il soit, s'ils doivent succomber dans la lutte, pourvu que celui-ci les prenne sous sa sauvegarde, eux et leurs biens. Ils ne s'embarrassent aucunement de ce qu'on nomme honneur national. Les cris de faim qui s'échappent des rangs inférieurs ne peuvent arriver jusques à leurs oreilles, ou sont, du moins, incapables de les ém.uvoir. Pour eux, le passé n'est rien ; l'avenir n'est qu'un mot ; c'est le présent qui est tout. Ainsi que les minéraux et les végétaux, ils ont la stabilité pour première loi. Le *statu quo,* voilà leur devise ! La paix est leur idole. Le repos est leur âme. En un mot, ils possèdent et veulent jouir paresseusement. La plus belle des révolutions, c'est-à-dire celle qui rendrait heureux chaque membre du corps social, serait, à leurs yeux, un abominable fléau ; car ils exècrent l'Égalité, qui ne peut s'établir qu'au détriment du privilége.

Q'importent les intérêts et les vœux de l'humanité aux gouvernements constitués de la sorte ? Leur affaire première et exclusive n'est-elle pas leur conservation ? Et tous les moyens, pour se conserver, ne leur sont-ils pas bons ? Je dis tous, jusqu'à l'assassinat inclusivement. Il n'y a que l'abâtardissement de possible avec eux.

L'idée de changement, que le progrès entraîne nécessairement avec lui, est toujours coupable envers le pouvoir du moment, qui ne vit et ne peut vivre que de stabilité. Et il n'y a pas aujourd'hui dans nos lois et dans nos mœurs une seule petite amélioration, dont la criminalité n'eût, à coup sûr, été bien vite reconnue, aux siècles passés, si l'adoption eût pu en être proposée devant une cour, ou même devant un jury, dont malheureusement l'institution n'existait pas encore. Croit-on, par exemple, que si un écrivain avait osé dire, sous le règne de ce hautain, pieux et débauché Louis XIV, qui dévorait la France, entendait chaque jour la messe, couchait chaque nuit avec des concubines, et poussait (n'en déplaise à ses louangeurs!) la simplicité de roi et le zèle de chrétien jusqu'à lancer la révocation fanatique et ruineuse du fameux édit de Nantes; croit-on, dis-je, que, si quelque publiciste énergique eût osé proclamer à cette cour de vampires et d'oripeaux, qu'il fallait enfin que le catholicisme cessât d'être la Religion de l'Etat, une bonne lettre de cachet, ou mieux encore peut-être, car, alors aussi, le pouvoir avait des assommeurs à ses gages, ne lui eût promptement appris à se taire? Cependant, le malheureux n'aurait fait qu'avancer une proposition qui, pour exciter la fureur des hommes de son époque, n'en était pas moins destinée à être adoptée quelques générations plus tard.

Il ne serait donc pas étonnant que les théories de réforme sociale, même les plus sublimes et les plus positives, n'eussent pas un meilleur accueil de nos jours.

Encore une fois, toutes les idées d'amélioration sont considérées comme des crimes dans le principe, parce qu'il est de l'intérêt du pouvoir qui existe et qui veut naturellement se conserver de les attaquer et de les détruire, sitôt qu'elles surgissent. Aussi, les philosophes de tous les siècles, c'est-à-dire les éclaireurs des masses, furent-ils constamment persécutés, pour avoir voulu semer des idées de progrès sur leur route.

Les aristocrates, ou, pour parler plus exactement, les privilégiés de tous les ordres, emploient leurs continuels efforts à sacrifier l'avenir de l'humanité à la conservation de leur propre présent.

Oui, je ne crains pas de le poser comme axiome politique : Pour rester debout, tous les gouvernements entachés d'aristocratie (et il n'y en a pas eu d'autres jusqu'à ce jour) conspirent tour à tour contre les Nations. Leur travail principal, si ce n'est unique, consiste à mettre des entraves au perfectionnement humain.

Il est vrai que ceux qu'on nomme constitutionnels ou républicains, se prétendant, jusqu'à l'heure où ils croulent sous la réprobation unanime, les élus et les porteurs de la volonté nationale, ne manquent pas de s'abriter ainsi sous la plus menteuse des fictions. Mais, en réalité, ne savons-nous pas bien ce qui en est? En France, par exemple, cette Nation, derrière la volonté présumée de laquelle ces pouvoirs ont successivement masqué et barricadé avec tant d'impudence leur despotisme, a-t-elle jamais exprimé, librement et sciemment sa volonté? N'est-ce pas sous l'influence de l'homme riche, et, par cela même, intéressé au maintien du présent, quel qu'il soit ; n'est-ce pas sous l'action du fonctionnaire public, esclave forcé du gouvernement, dont il est, d'ailleurs, partie intégrante ; n'est-ce pas sous la menace du prêtre, qui se fait et se fera perpétuellement le souteneur de tous les systèmes amis des ténèbres, qui lui accorderont sa part au budget ; n'est-ce pas, enfin, sous la pression des exploiteurs de toute nature et de tout rang, qu'ont eu constamment lieu ces prétendues manifestations de vœu populaire ? Et si, une fois, par exception, les masses ont, comme on a soin de le répéter avec tant d'éclat, exprimé, d'elles-mêmes, leur sentiment, ce sentiment de faux enthousiasme, dégénéré bientôt en repentir, a-t-il pu être autre chose que le produit d'une similitude de nom, d'une erreur de chronologie ?

Avouons-le, du reste ! Il n'y a jamais eu que quelques privilégiés audacieux, se disant la Nation, qui, dans les circonstances solennelles, l'ont fait penser, parler, et, malheureusement, voter à leur caprice. Dans le fait, la véritable Nation, qui ne se laisse entraîner à leurs menées que parce qu'elle en ignore le but secret, est loin, lorsque le calme est rétabli, de se reconnaître dans ces chétives réunions de bateleurs qui se sont arrogé le mandat de la représenter, afin de la mieux décevoir et de la compromettre.

Ce sont, en effet, ces millions de muets qui restent, pour ainsi dire, en dehors des sociétés, dont ils ne connaissent que l'impôt, la conscription et l'implacable justice, qui forment l'im-

.mense majorité des Nations. Ce sont ces malheureux qui, ne possédant rien par droit de succession, et qui, placés par leur ignorance ou leur pauvreté native, dans l'impossibilité de pourvoir à leur existence, soit au moyen d'un trafic industriel, soit au moyen d'un emploi gouvernemental, n'ont, pour toute ressource, que la vente de leurs forces physiques ou de leurs facultés intellectuelles, c'est-à-dire la résignation au monopole d'autrui, sans réussir à se procurer suffisamment de quoi vivre, qui constituent, presque en entier, les grands corps sociaux.

Et voyez si ceux-là sont d'accord avec leurs gouvernements aristocratiques ! Tout à fait opposés d'intérêt avec les privilégiés dont j'ai parlé plus haut, ces infortunés ne soupirent qu'après une amélioration, c'est-à-dire un changement de sort. Le calme, qui permet aux autres de jouir, les assassine. Le mouvement peut, seul, remédier à leur état de gêne. Aussi, sont-ils prêts pour toutes les révolutions. Le bouleversement est leur dieu, et le repos leur démon.

Admirez, encore un coup, l'incompatibilité qui existe entre cette foule de parias et leurs pouvoirs aristocratiques, quels qu'ils soient ! Entre cette fourmilière de citoyens exploités et les groupes si chétifs des privilégiés exploiteurs !

Les Nations ont besoin de progrès ; les gouvernements ne soupirent qu'après la stagnation

Les Nations d mandent de l'instruction ; les gouvernements organisent partout l'abrutissement.

Les Nations veulent de l'allegément dans les charges ; les gouvernements protégent ouvertement le monopole et la dilapidation.

Les Nations cherchent, dans leur intérieur, à accroître la dignité civique et l'indépendance individuelle ; les gouvernements érigent la corruption en système, n'honorent et ne récompensent que le plat servilisme.

Les Nations, enfin, souhaitent n'employer, au dehors, que des procédés de franchise, d'honneur et de fraternité ; les gouvernements se jettent dans le dédale de la diplomatie, ne consultent, dans leurs protocoles, que l'intérêt de leur conservation particulière, et entretiennent un levain perpétuel d'hostilité entre les Peuples.

Ce n'est donc pas un changement de gouvernement, c'est-à-dire une révolution superficielle que demandent instinctivement les masses : c'est une réforme de société ; c'est un remaniement profond et radical ; c'est, en un mot, une révolution tout à fait nouvelle qu'elles réclament. Tel est le vœu formel de notre époque ! On ne peut s'y méprendre. Et, jusqu'à ce qu'on en vienne là, il y aura toujours guerre. L'histoire ne fait-elle pas assez voir que les révolutions de gouvernements ne sont absolument rien pour les Peuples ; que les gouvernements, quels qu'ils soient, res-

teront leurs ennemis, tant qu'ils continueront à
être formés par une minorité aristocratique ; et
qu'il ne peut en exister qu'un seul bon, celui
qu'ils concourront, et en connaissance de cause,
à composer eux-mêmes ?

Quel a été, dans le fait, le résultat de toutes
les révolutions qui ont eu déjà lieu, et qui méri-
teraient le nom de renversements gouvernemen-
taux, plutôt que celui trop pompeux qu'elles por-
tent ? Les malheureux qui les ont exécutées, dans
l'espoir d'y gagner quelque soulagement pour
l'avenir, n'ont pas encore su, en opérer une telle
qu'il la faudrait pour que leurs souhaits légitimes
se trouvassent accomplis. Les dynasties ont été
culbutées, les cours renouvelées, les administrations balayées, enfin, les gouvernements changés ;
mais, après tous ces désordres, le calme est re-
venu ; et, à fort peu de chose près, les positions
des exploiteurs et des exploités sont restées les
mêmes. L'orage passé, les contents et les mécontents se sont retrouvés en présence.

Jusqu'à présent, les révolutions n'ont rien
produit à ceux qui en attendaient le plus, précisément parce qu'ils n'ont pas su les rendre radicales, et parce qu'ils ont, en outre, suivi les
perfides conseils de gens intéressés à paralyser
leurs effets.

Jusqu'à présent, les révolutions ont été constamment arrêtées juste au point où les intérêts
de la minorité se sont trouvés garantis. Il n'a

jamais été question des intérêts des masses ; et, sauf quelques pertes, ou mieux encore, quelques disgrâces d'une part, et quelques milliers de victimes de l'autre, la destinée de chacun a repris insensiblement son cours accoutumé. Les couleurs du drapeau et les noms des gouvernants ont été les seules choses changées, après de si sanglantes luttes.

Ce n'est donc pas une mutation de pouvoir que les masses doivent avoir pour but, dans leurs soulèvements. Peu importent, pour elles, les les noms et les personnes ! La question de leur sort demeurerait à jamais insoluble, si elles n'en arrivaient à une révolution de société, à une réforme d'institutions premières. Sans cela, les alarmes et les combats se renouvelleront sans cesse ; et le passage rapide des générations sera toujours marqué par le sang.

Il faut qu'avant de se battre, ces masses se rendent bien compte des motifs qui leur font mettre le fer à la main, et qu'elles ne soient pas ensuite si promptes à le rejeter sur le champ de bataille, sans être rassurées, par l'expérience, qu'elles tiennent enfin ce qu'elles ont cherché à conquérir à si haut prix. Il est urgent qu'avant de passer au fait matériel de la révolution, qu'elles seront toujours en mesure d'opérer, puisque le nombre, la force et le courage résident en elles, ces masses étudient et comprennent les moyens de tourner à leur avantage cette révolution qu'elles méditent, de telle manière qu'elles puissent désormais améliorer, en même temps, leur condition morale, intellectuelle et physique, 'ei s'être plus forcées à revenir au point de départ, comme elles l'ont fait par le passé.

Les Peuples doivent se convaincre de cette vérité : Que ce n'est pas tout d'être brave ; qu'il faut savoir, de plus, exploiter la victoire ; et que celui qui se bat en aveugle est un fou qui ne mérite pas de vaincre. Ils doivent, premièrement, apprendre comment il faut remplacer l'ignorance et le fanatisme par la lumière et la vérité ; la misère et l'abjection par l'aisance laborieuse et la dignité civique ; le mensonge, la lâcheté et l'intrigue par la franchise, le courage et la droiture ; le dévergondage et la rapine par la pudeur et la probité ; l'individualisme et l'indifférence politique par un lien fraternel et un dévouement sincère à l'humanité ; le despotisme et le monopole par la clémence et l'Égalité ; en un mot, les crimes par les bienfaits ; les vices par les vertus ; c'est-à-dire les mauvaises lois par les bonnes ; ou les constitutions encore lépreuses des corps sociaux par une organisation éclatante de justice, de morale et d'amour.

Quel bien peut, en effet, procurer aux Nations un simple changement politique ? Les gouvernements ne demeurent-ils pas toujours leurs ennemis les plus acharnés ? Que de fois, par exemple, celui de 1830, puisqu'il faut, pour mieux con vaincre de la vérité de cette proposition générale, en venir à une application, n'avait-il pas trahi le le pays, depuis sa frauduleuse origine jusques à son scandaleux suicide ? Rappelons, en quelques lignes, son histoire ! elle n'est pas longue, si elle est compliquée. On concevra pourquoi je ne prends pas le gouvernement actuel pour exemple. L'intelligence du lecteur établira elle-même les rapprochements, et découvrira les points de coupable similitude. Ce travail ne sera pas, du reste, bien difficile : les dates sont toutes fraîches.

Après avoir fait tomber ses premiers coups sur les héros qui l'avaient élevé, le gouvernement de 1830, ce gouvernement de corruption dont la France avorta après trois jours de convulsions douloureuses, laissa lâchement égorger leurs amis des frontières. Il fit ensuite remplir indistinctement les prisons de l'État de tous les hommes généreux qui osaient lui rappeler ses promesses ; et, quand ces prisons regorgèrent, il s'empressa d'en faire construire de nouvelles, considérant les cachots comme des cases d'exploitation où il fallait travailler sur la liberté et les forces morales et physiques des citoyens, au profit de sa propre existence, et sous le prétexte spécieux de l'ordre et du repos publics.

Il avait promis la liberté de la presse, et tous les écrivains indépendants furent successivement traînés dans les fers ; et toutes les feuilles dites de l'opposition comparurent devant les assises ;

et les amendes les plus exorbitantes accompli-
rent leur ruine ; et *La Tribune*, particulièrement,
se vit périr après son cent vingtième procès, je
crois ; et, grâce aux lois du 9 septembre 1835,
chaque jour eurent lieu de nouvelles funérailles.
Le théâtre devint bègue ; la caricature elle-même,
l'épigramme et le couplet furent proscrits ; les
chefs-d'œuvre des plus grands philosophes dont
la Nation ait à s'enorgueillir furent condamnés
au pilon pour complaire à un jésuite ; la loi sur
les crieurs publics parut ; enfin, un préfet de police et un tribunat de censure visèrent le droit de
propager la pensée, qu'ils s'efforcèrent, par conséquent, de cloîtrer et de cadenasser ; et la monarchie sourit un instant, en songeant que les
masses, ainsi gouvernées, demeureraient encore
dans un état d'ignorance qui permettrait de les
traiter comme un véritable bétail ; que le chef de
l'Etat pourrait ainsi, transformant le pays en un
vaste bagne, adopter un bâton pour sceptre, des
galériens pour gardes-du-corps, et diviser la population la plus noble et la plus intelligente du
monde en bandes de bourreaux et en troupeaux
de victimes.

Il avait promis l'affranchissement et l'extension
de l'enseignement, et le fisc continua de le pressurer et de le garrotter ; et les écoles demeurèrent rares et coûteuses, et les méthodes toujours
absurdes, niaises, infructueuses, et partant anti-
sociales ; et la férule, sous le règne d'un Carté-

sion, retourna insensiblement aux mains des hommes noirs, sans qu'il faille, du reste, en être surpris; car les prêtres sont essentiellement les alliés, sinon les amis des gouvernements aristocratiques. Ces deux puissances abrutissantes, quoique se détestant entre elles, comme toutes les puissances rivales, combinent néanmoins leurs efforts pour nuire à l'humanité.

Il avait promis que chaque citoyen serait libre; et la liberté individuelle ne fut, sous ce gouvernement du capital, qu'un vain mot. Les accusés d'avril 1834, subissant une prévention de deux années entières, en fournirent, pour leur part, une assez belle preuve. Et jamais, depuis les temps les plus reculés, chez aucun Peuple, ni sous aucun des plus fameux tyrans dont l'horrible mémoire soit passée jusqu'à nous, on ne vit tant de condamnations arbitraires, tant de préventions monstrueuses, tant de condamnations purement systématiques, tant de perquisitions domiciliaires, tant de violations de secrets, tant de conspirations et d'attentats supposés, tant d'émeutes policières, tant de barricades, tant de massacres, tant de tentatives de guerre civile! Et la loi sur les associations, et la loi' sur le port d'armes furent promulguées!

Il avait promis que le principe de la souveraineté populaire serait reconnu et respecté en Europe; et l'Italie, lâchement abandonnée, continua son râle sous le cauchemar de l'Autriche! Et l'Espagne, après les plus généreux efforts pour s'affranchir du joug aristocratique et monacal, fut livrée tantôt aux mains de quelque adepte doctrinaire, tantôt à celles de quelque farouche partisan de l'absolutisme, tantôt enfin aux caprices d'une jeune fille, d'une enfant, conseillée par une Messaline! Et la malheureuse Pologne périt, le jour même où, par la plus impudente et la plus barbare des ironies, on ne rougissait pas de proclamer son triomphe au Champ-de-Mars! Et la pauvre Helvétie, en proie à la rage assassine des congrégations loyolistes, versa le plus pur de son sang sous le couteau du fanatisme.

Il avait promis que la dignité nationale resterait vierge; et il se prosterna, se coucha à plat ventre devant toutes les puissances monarchiques absolues! Le pape lui-même le vit baisant sa pantoufle à Ancône!

Il avait promis le licenciement de l'armée; et plus de quatre cent mille hommes demeurèrent constamment sous les drapeaux, dévorant le tiers du trésor annuel de la France, au lieu de l'enrichir par leurs puissants travaux; ne faisant que des compagnes de parade, uniquement destinées à tenir des esprits occupés; n'essayant guère la pointe de leurs bayonnettes que dans leurs propres cités, contre les poitrines de leurs frères; ne servant, en un mot, qu'à étayer un pouvoir toujours moribond! Et les gardes citoyennes furent seules dissoutes et désarmées!

A force de poltronnes tergiversations, d'actes d'humilité profonde, de temporisations perfides, de concessions couardes, de traités onéreux et ridicules par la faiblesse et l'absurdité ; à force de lâchetés vraiment fabuleuses au-dehors, et d'implacables et outrageantes rigueurs au-dedans ; à force, surtout, de honteuses et sales dilapidations, et de crimes commis dans les régions supérieures, ce gouvernement d'égoïsme finit par lasser et par dégoûter tous les cœurs généreux, par anéantir tous les élans sublimes. Fierté, courage, loyauté, dignité civique, ce pouvoir cholérique attaqua tout, dénatura tout, empoisonna tout.

Enfin, après avoir exploité, tour à tour, la confiance de ses amis, la crédulité de ses prosélytes, la terreur des bourgeois ; après avoir employé, tantôt les chants patriotiques, les très-humbles salutations, les poignées de main, les discours de remercîment, les promesses solennelles, les serments imposteurs, les airs de désintéressement, les hauts sentiments patriotiques ; après avoir mis en jeu la police avec ses émeutes et ses assommades, la troupe avec ses mitrailles et ses pétards, ce gouvernement modèle, ce gouvernement par excellence, selon le dire de tous les partisans de la Conservation, sentant néanmoins sa fin approcher, n'eut-il pas l'audace de faire construire les forts détachés, comme devant être sa dernière garantie d'existence, comme un affreux

viatique à administrer le jour où la Nation voudrait divorcer avec lui? Heureusement, ses cal-
culs avaient été dressés sur une fausse apprécia-
tion de l'esprit de l'armée. Le moment venu,
celle-ci ne les approuva point.

Il est positif, pour quiconque veut peser les
actes de cet inconcevable gouvernement, qu'il
n'agit jamais que dans son propre intérêt, au
mépris de toute pudeur et de toute morale,
toujours en opposition avec le bien de la France.
Il est incontestable que, non-seulement il chercha
à subsister par des voies tantôt ignobles de bas-
sesse, tantôt atroces de férocité, mais qu'il ne
cessa pas une seule minute, depuis sa fatale origine, de conspirer contre la Nation.

Eh bien ! tous les gouvernements connus jusqu'à ce jour ressemblèrent ou ressemblent à celui-
là, s'ils ne furent ou s'ils ne sont encore pires. Je
n'en excepte point, comme on l'imagine, celui
sous lequel nous vivons, et que chacun est à
même d'apprécier.

Comprendrait-on, dès lors, l'absurdité qu'il y
aurait de la part des Peuples à s'obstiner, pour
mettre fin aux maux dont ils sont assaillis, à faire
des révolutions simplement politiques, c'est-à-dire
à ne changer que leurs gouvernements?

Pour accomplir leur destinée progressive, pour
atteindre le but tant recherché de l'Égalité sociale, les Peuples doivent donc en arriver à un
travail plus essentiel et plus fécond.

« Mais, » disent aux apôtres de la science nouvelle les champions entêtés du vieux privilége, qui, ne pouvant discuter sur la légitimité de leur position, veulent, du moins, dans leur frayeur, tenter de fourvoyer et d'entraîner vers eux les masses par quelque raisonnement aussi faux que jésuitique, « si ce n'est pas une révolu- » tion politique que vous conseillez aux peuples » d'opérer ; si c'est, au contraire, une révolution » sociale, vos efforts sont donc dirigés, d'après » votre propre aveu, contre la société toute en- » tière? Et dans quel dessein vous faites-vous si » criminels? Pour mettre, sans doute, à exécu- » tion quelque misérable utopie, quelque rêve de » gouvernement Platonique. »

Il est certain que ce n'est pas un simple renversement de personnes ou de principes particuliers que nous croyons devoir conseiller aux Peuples, comme moyen d'affranchissement : nous ne sommes pas assez fourbes pour cela. Mais, il faut ajouter aussi que c'est uniquement contre l'ordre social actuel, et non contre la société elle-même, que nous désirons voir engager la lutte ; et l'on va se convaincre, à l'instant, si c'est à tort que nous étendons nos vœux jusque-là. Quant à l'erreur dans laquelle on a intérêt à faire croire que nous sommes bercés, nous examinerons, tout à l'heure, s'il est bien vrai que nous soyons des visionnaires.

Jetez, d'abord, les yeux sur la société française,

telle qu'elle se présente de nos jours ! Visitez avec soin chacune des diverses classes dont se compose sa population, après quinze cents ans de gouvernement aristocratique ! Et vous tomberez en admiration devant l'audace frénétique des unes, et la patience presque surnaturelle des autres ; et vous serez contraints d'avouer qu'il a fallu nécessairement du prodige pour tenir si longtemps en alliance les agneaux et les loups.

Voyez, dispersées dans les champs ces espèces de quadrupèdes, comme osait dire autrefois à sa cour le philosophe Labruyère, en parlant de ces pauvres paysans que l'habitude d'un travail pénible fait courber vers le sol avant l'âge ! Suivez, dans leur carrière obscure, ces malheureux colons qui, ne participant à aucun des bienfaits de la société, n'en connaissent au contraire que les charges, sont entièrement sacrifiés pour elle ! Destinée pitoyable que la leur ! A peine si on se sent le courage d'en tracer le tableau,

Les voilà presque nus dans toutes les saisons ; attachés, pour ainsi dire, à une terre qui ne leur appartient pas, et de laquelle ils ne possèderont jamais que l'espace étroit d'une tombe ; la, défrichant de leurs mains, l'arrosant de leurs sueurs, finissant par l'engraisser de leurs cadavres ! Ils semblent n'être venus au jour qu'afin de partager la vie des végétaux qu'ils cultivent. Comme eux, ils sont, en quelque sorte, réduits à pousser et à s'entretenir par la seule vertu de cette sève nutri-

tive dont la nature a pourvu tous les corps organisés ; car la saveur des fruits qu'ils récoltent, et la
chair des animaux qu'ils élèvent, sont trop délicates ou trop coûteuses pour leur bouche. C'est
l'homme de la cité qui doit en faire la consommation. Quant à eux, ne sont-ils pas libres de brouter
l'herbe, à l'instar des bêtes qu'ils fréquentent? Ne
possédant, pour tout abri, que des cabanes mal
construites, et par cela même insalubres, ils expo-
sent constamment aux pluies, aux neiges et aux
vents, leurs membres fatigués, les paralysent de
douleurs, les vieillissent au mordant de l'air,
et les dessèchent aux feux du soleil. Ils n'ont
d'autre propriété dans le monde que celle de leur
misère, d'autres distractions dans la solitude que
celles des intempéries du ciel, d'autres douceurs
dans la vie que celles de l'accouplement, d'autres
lumières dans l'esprit que celles de la raison
primitive. Ne s'étant jamais écartés du point
topographique où un funeste hasard opéra leur
création, à moins toutefois qu'ils n'aient été appelés à faire l'étape du soldat, le sac au dos, le
fusil sur l'épaule, pour aller figurer au champ de
bataille, ils n'ont pas la moindre idée de l'influence qu'est capable d'exercer l'éducation. Ils
ignorent parfaitement toutes les inventions auxquelles s'est élevé le génie de la race humaine.
Réduits, en un mot, au rôle muet et passif de
machines ; n'ayant pas un seul instant de loisir
pour songer à leur dignité d'hommes ; ne se dou-

tant pas même qu'ils font partie d'un corps social; obéissant avec respect à tous les caprices de leurs maîtres; baissant craintivement la tête sous des lois qu'il est impossible de comprendre; et tremblants sans cesse devant un Dieu dont on se plaît à leur faire peur, ces infortunés demeurent dans l'état sauvage de la famille, au sein même du pays qui passe pour faire tête à la civilisation; et l'on est en droit de dire d'eux, au dernier jour de leur existence toute matérielle, qu'ils naquirent et moururent esclaves de l'homme propriétaire dont ils fouillèrent le champ.

Pénétrez, maintenant, dans les villes, et observez cet essaim immense de prolétaires nouveaux, serfs d'une autre nature, ouvriers de toutes les professions, depuis le chiffonnier jusqu'à l'imprimeur! Certes, il en faut faire l'aveu, ces infortunés ne manquent ni de franchise, ni de loyauté, ni de bonnes intentions, ni d'intelligence, ni d'industrie, ni de courage. Et, cependant, quelle éducation, depuis l'empereur Charlemagne, le fameux instituteur des lettres chez nous, est venue faire éclore et fructifier des germes si précieux? Où sont ces écoles gratuites qui devraient dispenser à chacun une instruction relative, et faire un bon citoyen, en même temps qu'un artisan habile? Hélas! tout le savoir de ces infortunés se borne à reconnaître leur ignorance, et l'injustice de leur cruelle position. Trop heureux encore, s'ils pouvaient tous en être bien pénétrés !

Après des journées entières de la plus rude occupation, le salaire que perçoit l'ouvrier peut à peine suffire à ses besoins matériels. Obligé, pour pouvoir faire usage de son industrie, d'emprunter à des mains usurières, paresseuses et maladroites, les moyens d'acquérir la matière première qu'il sait seul exploiter, il a la douleur de voir retenir, à titre d'intérêts et de commission, la meilleure part du bénéfice qu'a rapporté son œuvre. Si, révolté du monopole scandaleux qu'on fait de ses talents, il croise ses bras, et feint de vouloir rester dans l'inaction, bien loin d'effrayer le monopoleur, il ne fait que lui prêter à rire. Ce dernier est certain de conserver sa domination ; car, c'est chez lui que se trouve cette valeur représentative avec laquelle on achète tout ce qu'il faut pour manger, se vêtir et s'abriter ; et, dès lors, il considère cet acte de désespoir comme une colère d'enfant. Ce n'est à ses yeux qu'une bouderie qui porte un certain préjudice à sa caisse, il est vrai, puisqu'elle interrompt momentanément ses bénéfices habituels, mais qui aura son terme, quand la faim viendra parler à l'estomac du pauvre insurgé. Et, dans le fait, ce refus, qui pourrait avoir des conséquences si graves, si le prolétaire était à même de le soutenir jusqu'à l'époque où tout ce qu'il a produit et livré à la consommation aurait disparu (car, alors, il faudrait que chacun songeât à pourvoir lui-même à ses nombreux besoins, et, partant, la société se trouverait dissoute si le monopoleur, amolli par la paresse et convaincu de son inhabileté, ne se hâtait d'acquiescer aux conditions nouvelles qui pourraient lui être faites); eh bien ! ce refus, dis-je, devient sans aucune importance pour le capitaliste, dès qu'il est prévenu que le prolétaire radouci sera bientôt contraint de reprendre son œuvre, au même prix qui, par sa modicité, la lui avait fait quitter. Dans l'impossibilité de songer à la moindre économie, puisqu'il satisfait, tout au plus, aux exigences du présent, le malheureux ouvrier reste sans nul espoir d'avenir; bien plus, il abrége cet avenir; il diminue la somme présumable de ses jours, afin d'en soutenir une fraction. Son sort est pitoyable, mais que gagne-t-il à s'en plaindre ? Ne le voyez-vous pas brusqué, dès qu'il ose faire entendre sa voix, mis aux prises avec la faim, s'il suspend son travail, en un mot emprisonné, mitraillé, écrasé, si, convaincu de l'inutilité de ses représentations et de ses prières, il tente, dans un accès de désespoir, de détourner, par une secousse violente, la destinée de mal qui pèse sur sa tête.

'I   nez maintenant vos regards vers cette foule au moins aussi intéressante de prolétaires à éducation, portant l'épée, la toque ou la férule ! Modernes Bias, ils ont tout avec eux, et c'est de leurs ressources intellectuelles qu'ils doivent vivre, tout aussi bien que les ouvriers le font de l'adresse de leurs doigts. Les trésors de la pensée sont les seuls à léur disposition ; et c'est avec des valeurs idéales qu'ils sont obligés de s'en créer de positives. Mais, hélas ! par l'absurde et coupable direction que le gouvernement a fait donner à leurs travaux classiques, ces infortunés, en entrant dans le monde, n'en sauraient tirer le moindre parti. Leurs lumières ne sont pas de nature à les aider à se créer un bien-être, et l'instruction stérile qu'ils reçurent est souvent pour eux le plus funeste des présents et le plus lourd des fardeaux. Au lieu de leur enseigner à vivre selon leur époque, on n'a fait, pendant les pénibles et précieuses années de l'enfance, que les entretenir dans les belles choses du passé. Sans songer qu'il fallait, avant tout, les rendre citoyens de leur propre pays, on ne leur a parlé que d'Athènes et de Rome, comme si ces deux antiques maîtresses du monde étaient encore dobout, et comme s'ils eussent été destinés à vivre sous des Périclès ou des Auguste. Ils ne possèdent la plupart que du grec et du latin, mauvaise marchandise, s'il en fut, qui commence heureusement auprès des hommes écloirés à n'avoir plus de cours, cédée constamment avec dégoût, et constamment acquise à contre-cœur, d'un si bas prix, d'ailleurs, que, avant la Révolution de Février, le propriétaire du fonds le plus riche n'inspirait pas encore assez de confiance chez nous pour figurer sur la liste des électeurs de petit collége. Réduits, par la nature bornée de leurs connaissances, à choisir entre un fort petit nombre de carrières, ils s'y précipitent par milliers, les encombrent, et puis y languissent dans l'inaction, le dépit et la misère, sans qu'il en puisse être autrement. Séparés de la foule par l'éducation, éloignés des rangs supérieurs par le défaut de fortune, écrasés dans leur sphère intermédiaire par de trop nombreuses rivalités, et contraints, malgré tout, de se montrer sous les dehors de l'aisance, par respect de leurs nobles professions, ces malheureux, plus à plaindre cent fois que ce corps d'ouvriers lyonnais qui, du moins, avaient osé, dans leur désespoir, arborer l'étendard de la faim, n'ont, pour éviter l'aumône ou le suicide, que le chemin périlleux des révolutions. Mais, que leur importent les dangers? Que leur fait la mort? Ne doivent-ils pas préférer se trouver face à face avec elle, en s'efforçant de renverser un ordre gouvernemental qui, non content de les avoir trompés, les abandonne encore à leur infortune, et semble ne pas faire plus de cas d'eux que s'ils étaient des ilotes, plutôt que de périr oisifs au milieu des travaux de la multitude? Comment, d'ailleurs, paraître incapables d'y participer?

Passez enfin au contraste! et, venant de contempler ces malheureux parias de notre population, dont le sort vous aura sans doute touché le cœur, observez avec calme, s'il vous est possible, ce groupe de mortels privilégiés dont la seule occupation dans la vie est celle de la prolonger et de l'embellir! Hommes de titres, hommes de finances, hommes de places, hommes de robe, hommes de terroirs, hommes de manufactures, hommes de magasins, les voilà tous sous leurs riches costumes, disposant, à leur gré, de l'argent, des lumières, des honneurs, des séductions, des priviléges, de la force armée, en un mot, de tout ce que renferme notre société, hormis de la vertu! Soit parce qu'ils sont arrivés avant les autres, soit parce qu'ils ont hérité de leur position, soit, enfin, parce qu'étant doués de plus d'adresse ils se la sont créée eux-mêmes, ils ont maintenant tout en partage. Aussi, sont-ils contents de l'état actuel des choses, et ne veulent-ils point laisser faire un seul pas au progrès, de peur que ce pas les entraîne au précipice. Que de douceurs, en effet, dans l'existence du capitaliste! car on peut, par ce nom collectif, désigner ces diverses classes de favoris. Pour lui, point de travail! Occuper, jouir, consommer, s'enrichir encore, voilà son état! Il n'a point d'industrie; mais, en a-t-il besoin? Ne possède-t-il pas d'ailleurs celle de vivre aux dépens du prolétaire?

Celui-ci n'est, à ses yeux, qu'un machine productive qui doit s'user à son service, sans jamais faire entendre de grincement dans les rouages, car les oreilles du maître, formées aux douces harmonies, en seraient importunées. Personnage tout à fait inutile dans la société, s'il n'y jouait le rôle négatif de consommateur, puisqu'il ne produit absolument rien par lui-même, n'a pour tout mérite que celui de prêter à usure quelque argent monnaie, pour tout savoir que celui de se placer en intermédiaire entre le véritable fabricant et le consommateur, afin de les pressurer chacun à leur tour, le capitaliste est certain, néanmoins, de fournir une carrière heureuse, sans avoir besoin de s'inquiéter des menaces que peuvent lui faire ses victimes. D'un côté, l'argent qu'il a dans ses coffres, et, d'un autre, la force armée qu'il tient à ses ordres, doivent le rassurer. En un mot, sans avoir droit à rien, par sa valeur personnelle, le capitaliste se trouve, par le vice même de sa position, avoir droit à tout. Il est électeur, éligible, député, fonctionnaire, ministre. Il coopère à la fabrication des lois, s'il ne les fait lui-même ; et, dès lors, il est aisé de concevoir la cause pour laquelle toutes sont en sa faveur, et toutes au détriment du prolétaire. Que s'il s'élève parfois de généreux défenseurs de la multitude, qui veuillent réclamer pour elle, le corps attentif des privilégiés s'empresse aussitôt autour d'eux, met en jeu toutes les séductions imaginables pour acheter leur silence, les bâillonne même de force, s'il a la douleur de les trouver incorruptibles, et s'il découvre un moyen de leur susciter quelque grief, ou bien, en dernière analyse, s'assemble pour statuer sur la validité des réclamations, mais purement par grimace, car tous les juges sont intéressés dans la cause. S'il existe d'ailleurs quelque légère dissidence dans les opinions, le budget qu'a eu soin de remplir cette même classe honteuse de prolétaires qui ose impudemment se redresser, met promptement les consciences d'accord ; et le nombre des boules que viennent jeter dans l'urne des mains salariées prouve que, malgré tous les symptômes contraires, la majorité néanmoins est heureuse.

Et voilà ce qu'ont pu produire sur la société française quinze cents ans de gouvernement aristocratique ! On ne saurait, toutefois, accuser cette société de manquer d'aptitude au progrès, car la rapidité de sa marche, depuis un demi-siècle, témoigne assez qu'elle est éminemment perfectible. Or, si dans ce court espace de temps, elle a fait tant de pas vers le mieux, combien n'en eût-elle pas fait, sans doute, si les soixante-onze rois qui l'ont successivement gouvernée n'avaient, au lieu de lui aplanir la route, employé tous leurs efforts à la semer d'obstacles ? Mais le trône et l'autel servirent, dans tous les temps, de barricades au despotisme contre la civilisation ; et jamais les peuples ne purent rien obtenir de leurs chefs qu'en se révoltant. Enfin, voilà l'état déplorable dans lequel se trouve encore aujourd'hui notre population ! Elle peut être considérée comme formant deux camps ennemis composés l'un de travailleurs, l'autre de paresseux ; l'un de producteurs, l'autre de consommateurs ; l'un de maîtres, l'autre d'esclaves. Dans le premier figurent tous ces hommes qu'on appelle vulgairement aristocrates, c'est-à-dire les grands propriétaires et tous les gens de finances, les hauts fonctionnaires publics, militaires ou civils, les négociants, les bourgeois ou petits propriétaires, et les exploiteurs de tous les étages. Dans le second sont entassés tous ces hommes parias, qu'on nomme indistinctement prolétaires, patriotes, républicains, mendiants, vagabonds, démagogues, socialistes, rouges, communistes, et que j'appelle, moi, pauvres ou mécontents. Ils renferment dans leur caste tous les citoyens dont les professions n'exigent point de capitaux, qui ne sont point salariés par le gouvernement, et qui ne possèdent, à leur début, que leurs talents pour vivre, c'est-à-dire une grande partie des avocats, des médecins, des chirurgiens, des hommes de lettres, des professeurs, des artistes, et la totalité des ouvriers, des cultivateurs, des soldats et des domestiques. Aux uns appartiennent les droits, les honneurs, les sinécures, les profits, tout ce qui peut prolonger l'existence et la rendre agréable, les habitations et les ameublements commodes, les tables abondantes et délicates, les bons vêtements, les valets, les chevaux, les femmes, les divertissements, les jeux ; aux autres, les fatigues, la corvée, la conscription et le spectacle insolent des heureux que font et qu'entretiennent chaque jour leurs sueurs.

Les apôtres de l'Égalité sont-ils donc si coupables quand ils veulent changer l'ordre actuel d'un corps social dont les membres sont si bien divisés par les mœurs et les intérêts ? Où les uns ont de l'éducation et des préjugés, les autres de l'ignorance et du fanatisme ; où les uns possèdent tout, se reposent et jouissent, où les autres n'ont rien, travaillent constamment et meurent de misère ; où les uns font profession d'être maîtres et de gouverner, les autres d'être esclaves et d'obéir ; où il existe, en un mot, deux espèces si bien séparées qu'elles finissent par se croire d'un sang différent, adoptent des séries d'idées tout à fait opposées, et se considèrent, en dernière analyse, non seulement comme étrangères, mais même comme ennemies ?

Est-ce un crime de travailler à changer un pareil état de choses, de vouloir jeter, autant que possible, le niveau sur les conditions si disparates ?

Examinons à présent si nous ne sommes, en effet, que des rêveurs opiniâtres ! Nous passerons, plus tard, aux moyens de réaliser nos prétendus songes.

CHAPITRE III

« Mais, s'écrient les fanatiques de la Conser-
» vation, s'adressant aux apôtres de l'Égalité
» sociale (et c'est là un des grands arguments
» qu'ils emploient contre eux), s'il est positif
» que les hommes recherchent l'Égalité par
» instinct, par besoin d'amélioration ou de
» progrès, il est positif aussi qu'il ne saurait en
» exister une véritable entre eux ; et, par consé-
» quent, vous êtes des utopistes. Autant vau-
» drait chercher la quadrature du cercle, le
» mouvement perpétuel ou la pierre philoso-
» phale que l'établissement de votre Égalité. »
C'est là ce que répètent sans cesse, d'un air
triomphant, les privilégiés des corps sociaux
qui, par cela même qu'ils se trouvent placés
dans une position exceptionnelle qui les flatte,
et qu'ils tiennent à perpétuer, sont intéressés à
cacher et à cimenter son injustice, en alléguant
l'impossibilité d'un bien-être général.

« Tous les efforts du progrès, qui tendent vers
» un but de répartition, n'ont-ils pas été vains
» jusqu'ici, disent-ils ? Toutes les tentatives de
» niveau n'ont-elles pas constamment échoué ?
» Consultez les époques, et voyez ce qu'ont
» produit les révolutions ! Les diverses classes
» de l'humanité, pour avoir été confondues un
» moment, n'ont-elles pas repris leurs lignes
» primitives de démarcation ? Les distances ont-
» elles jamais été comblées ? Enfin, le monde
» a-t-il changé d'allure, depuis tant de géné-
» rations qui ont cherché à la rectifier ? Et quel
» mieux ont produit les plus violentes tempêtes ?
» Pourquoi donc vouloir troubler un ordre si
» puissamment établi ? Ceux qui tentent de le
» faire, en dépit des nombreux exemples que leur
» fournit le passé, peuvent-ils être autre chose
» que de pauvres rêveurs ou de misérables fac-
» tieux, qu'il importe également de réduire au
» silence ? Il est dans la destinée des Peuples
» de rester éternellement malheureux, tandis
» qu'à leur tête une poignée de favoris conti-
» nueront à se gorger de biens de toute espèce.
» C'est une loi dont l'expérience prouve assez
» la nécessité, et dont la raison peut d'ailleurs
» se rendre aisément compte.
» La nature, à laquelle il faut toujours remon-
» ter, quand on est jaloux d'expliquer les causes,
» a-t-elle créé deux objets parfaitement égaux ?
» Ne s'est-elle pas, au contraire, montrée mira-

» culeusement diverse dans ses œuvres ? Exami-
» nez d'abord les productions connues qui com-
» posent ses deux premiers règnes ? Parcourez
» ensuite tous les chaînons visibles de la chaîne
» animale ! Et voyez s'il existe deux êtres d'une
» uniformité complète ? Est-il deux grains de
» sable du même rivage qui n'offrent entre eux
» quelque disproportion ? Est-il deux feuilles du
» même arbre qui présentent des couleurs, des
» tissus, des festons identiques ? Est-il deux ani-
» maux de la même famille qui ne diffèrent en
» quelque point de leur organisation extérieure ?
» Et, si maintenant on voulait considérer le tra-
» vail intérieur de ces types divers, et les nuances
» innombrables de leurs propriétés, de leurs
» facultés et de leurs mœurs respectives, qu'elle
» disparité bien plus prodigieuse ne découvri-
» rait-on pas ?

» Or, puisque la puissance créatrice semble
» avoir eu horreur de l'uniformité, pourquoi
» s'obstinerait-on à prétendre que la race hu-
» maine, qui déjà par sa construction morale et
» matérielle, est soumise à cette loi de dispro-
» portions, dût se trouver autre que la nature ne
» l'a faite ? N'y a-t-il pas folie à nier des arrêts
» aussi immuables ? N'y a-t-il pas même crime à
» se révolter contre eux ? »

Encore un coup, voilà les plus terribles arguments que fournissent contre les partisans de
l'Égalité sociale tous les heureux du moment qui

sont intéressés à ne pas la voir s'établir ! Il n'est pas difficile de les réfuter.

Oui, sans doute, si tous les apôtres qui nous ont devancés dans la sublime doctrine de l'Égalité avaient eu la ridicule prétention de rendre cette Égalité applicable à l'organisation matérielle de la race humaine, ou même à ses facultés morales, on aurait eu raison de les taxer d'utopistes, ou, mieux encore, de fous ; nous en convenons. Et si, venant après eux, et, par conséquent, éclairés par la stérilité de leurs efforts, nous nous obstinions, nous hommes du dix-neuvième siècle, à soutenir une pareille absurdité, nous mériterions, à coup sûr, des épithètes et des châtiments encore plus sévères : nous sommes également d'accord sur ce point avec nos antagonistes.

Il n'est pas permis à la science humaine, quelque avancée qu'on la suppose, de forcer la nature dans ses lois, et de l'astreindre à doter tous les êtres qui sont enclavés dans notre espèce de la même taille, par exemple, de la même force, du même esprit. Aussi, n'est-ce point là ce que nous nous proposons d'atteindre, quand nous courons après l'Égalité sociale. Peu nous importent les formes extérieures des individus, le plus ou moins d'extension de leurs facultés respectives et de leurs cerveaux étroits ou volumineux ! Nous abandonnons à la puissance organisatrice ce jeu de variétés qui, d'ailleurs, ne nuit en rien à nos maximes. Ce que nous demandons seulement (et, dans nos plaintes, ce n'est point à la nature que nous nous adressons, convaincus qu'elle n'en écouterait pas de si ridicules; mais c'est à des hommes qui sont, du moins, nos semblables, s'ils ne veulent s'abaisser à s'avouer nos égaux, puisqu'ils ont avec nous une origine, une fragilité d'existence, une fin commune), ce que nous demandons, dis-je, c'est qu'on suive, à l'égard de l'espèce humaine, la conduite de cette même nature relativement à tous les autres êtres.

Si les minéraux diffèrent de forme, de quantité, de qualité et de combinaison moléculaire, tous jouissent néanmoins, dans leurs catégories respectives, des mêmes propriétés. La pierre d'aimant la plus petite attire le fer aussi bien que la plus grosse, proportions gardées, et doit, par conséquent, être réputée son égale en vertu. Si elle lui est inférieure en dimensions, et, par suite, en puissance attractive, c'est par un accident qui nous intéresse fort peu; mais, du reste, elle existe aux mêmes conditions que l'autre.

Les végétaux, à formes si multipliées, possèdent pareillement les mêmes propriétés, dans leurs familles respectives; et tous, quels qu'ils soient, ont un principe de vie commun. Dans un champ de blé, par exemple, où l'on ne pourrait découvrir deux épis semblables, tous existent aux mêmes conditions, le plus maigre aussi bien que le plus productif. Leur différence provient, encore une fois, d'une infinité d'accidents, ou, plutôt, d'un jeu de nature, comme je l'ai déjà dit, qui n'attaque en rien nos principes ; mais ils sont, du reste, vêtus également, et reçoivent les mêmes sucs nutritifs.

Il en est de même des races animales. Chacune a ses caractères particuliers et communs. Tous les aigles ne sont pas sans doute de la même envergure, n'ont ni le même plumage, ni le même degré de force ; mais tous ont reçu un type de courage, une puissance proportionnée de serres, une hardiesse de vol et une pénétration de regard qui stigmatise leur espèce.

Bref, la nature, en variant à l'infini les formes matérielles, les doses des propriétés et des facultés, n'a pas laissé d'allouer à chacun de ses êtres les caractères particuliers à sa catégorie, et le même droit à une existence proportionnelle. Si elle a permis des privilégiés sous certains rapports, dans un but que nous ne pouvons connaître, elle a voulu toutefois que tous fussent soumis à une parité d'existence. Elle a donné à chacun, sinon la même quantité de forme et de puissance, du moins des moyens uniformes.

Eh bien ! c'est cette égalité primitive, originelle, que nous réclamons pour la race humaine.

Que l'homme puisse user librement de toutes les facultés qu'il reçut à sa naissance comme provisions de son voyage terrestre ! qu'on ne lui dé-

robe ses droits de création, ses symboles de race !
Voilà nos vœux ! Quant aux différences physiques
et morales des individus, c'est-à-dire au disparate de leurs destinées, nous les laissons au hasard, ainsi que le fait de la procréation. Nous ne
prétendons pas fabriquer un moule universel, ni
obliger la totalité des êtres pensants à marcher
sur les mêmes traces, alors que chacun a devant
lui une ligne plus ou moins longue, plus ou
plus ou moins accidentée à suivre. Nous ne voulons, en un mot, que le juste et le facile, et non
le ridicule et l'impossible. Moyens égaux d'éducation, moyens égaux de fortune, moyens égaux
de bonheur, voilà, en résumé, ce que nous réclamons ! Voilà ce qui, à nos yeux, doit constituer la
véritable Égalité sociale ! cette Égalité que ni
gouvernants ni gouvernés ne paraissent comprendre, puisqu'ils la distinguent toujours de la
Liberté, avec laquelle elle est pourtant pleinement identique.

Un pouvoir qui promet la liberté à une Nation,
ne sait pas à quoi il s'engage. Sans cela, juge-
rait-il son suicide ? D'un autre côté, une Nation
qui a la simplicité d'attendre sa liberté de son
gouvernement, et de la lui demander, est-elle capable de connaître toute l'étendue de sa demande ?
Peut-elle prévoir que la condition à laquelle elle
trouvera cette liberté, est, non-seulement le renversement de l'ordre politique, mais aussi la destruction de l'ordre social établi ? Certainement, ni

les Gouvernéments ni les Peuples, quand ils contractent, ne s'entendent sur la gravité de la demande et l'énormité de l'engagement. Quelle est, en effet, cette Liberté si souvent et si vainement réclamée et promise? N'est-elle pas l'Égalité sociale?

La liberté parfaite, c'est-à-dire la liberté dans le sens le plus absolu du mot, serait l'affranchissement de tout obstacle à l'exécution de la volonté.

Cette liberté-là est purement d'imagination : elle n'existe nulle part. La divinité elle-même, telle du moins que l'esprit humain a eu, jusqu'ici, la ridicule prétention de la comprendre et de la définir, ne peut l'avoir dans ses attributions. Dieu étant, en effet, obligé de demeurer Dieu, car, s'il lui était possible de cesser d'être ce qu'il est, il manquerait du caractère de stabilité que comporte sa nature, est, par conséquent, soumis à une loi d'immuabilité qui interdit cette liberté complète.

Ce n'est donc pas une semblable liberté, qui n'est, encore une fois, qu'une liberté chimérique, puisqu'elle n'offre aucun exemple d'application, qu'ambitionnent les peuples. Courir après elle serait courir après le néant. Ce serait aspirer à placer la créature au-dessus du créateur, qui est et doit rester au-dessus de tout.

La liberté naturelle, c'est-à-dire celle qui ne reconnaît d'autre obstacle à l'exécution de la volonté que l'impossibilité matérielle de cette exécution, est par cela même qu'elle est forcée de reconnaître cet obstacle, une liberté imparfaite, une liberté restreinte. C'est celle du sauvage. Son existence est tellement fragile qu'il suffit d'un besoin qui se fait sentir et qui ne peut être apaisé, d'une force supérieure qui se dresse et qui ne peut être vaincue par les moyens dont dispose la volonté isolée, pour que cette liberté se trouve anéantie.

Ce n'est donc pas, non plus, cette liberté naturelle, dont l'existence serait, d'ailleurs, impossible avec l'état social, que les Peuples recherchent. Vouloir les ramener vers elle serait vouloir les faire reculer, les rappeler à l'état primitif, leur dérober, en un mot, leurs progrès. L'homme, en se civilisant, ou peut-être en vieillissant, a reconnu l'insuffisance d'une pareille liberté, et a recouru à l'association, pour se fabriquer une liberté nouvelle qui eût à la fois, moins de périls et plus d'étendue que celle dont l'avait doté la nature. Malheureusement, après bien des siècles de travaux, de combats, de douloureuses expériences, il n'a pu réussir à parfaire son œuvre, à se créer cette liberté forte, juste et large qui doit être, un jour, la plus belle et la plus précieuse conquête de son intelligence.

Oui, c'est une liberté nouvelle que réclament les Peuples, une liberté résultant de leur civilisation, et toujours en harmonie avec cette dernière, quelque degré qu'elle puisse atteindre.

Toutefois, en recherchant cette liberté, qu'ils poursuivent avec d'autant plus de persévérance et d'ardeur qu'il y a plus longtemps qu'elle est l'objet de leurs investigations, et que ces investigations leur ont coûté plus de peine et de sang, les Peuples n'entendent point abdiquer les biens dont l'homme jouissait dans l'état de liberté naturelle. Ils veulent que cette liberté nouvelle, en se rapprochant le plus possible de cette dernière, leur en conserve, au contraire, tous les avantages, ou, du moins, que ceux-ci ne reçoivent de limite ou ne soient sacrifiés qu'autant que l'état de société l'exige. Ils veulent, de plus, que cette liberté nouvelle, plus complète que la liberté naturelle, ajoute à celle-ci ce qui lui manque, c'est-à-dire qu'elle garantisse à l'individu la satisfaction des besoins dont il était assailli, le triomphe des forces dont il était menacé ou victime, enfin l'exécution de toutes les volontés dont cette exécution possible ne doit aucunement blesser la liberté d'autrui.

Cette liberté nouvelle, qu'ambitionnent les Peuples, n'est donc autre, comme on le voit, que l'Égalité sociale avec laquelle elle doit être confondue.

Il est incontestable que les hommes supposés dans un état d'isolement, c'est-à-dire anti-social, étaient égaux dans notre sens, comme le sont tous les autres êtres de la création, malgré leur dissemblance apparente. Ils étaient égaux en droits. Mais tous n'étaient pas doués de la même puissance pour les faire valoir. De là, l'origine des exploiteurs d'une part et des exploités de l'autre. La force et la ruse envahirent la faiblesse et la simplicité. Toutefois, les exploités s'avisèrent et recoururent à l'association. Ainsi, la société, qui prit alors naissance, fut fondée pour le maintien des droits naturels, pour la conservation de l'Égalité originelle. Par malheur, les moyens qui furent adoptés pour garantir cette dernière devinrent précisément ses agents destructeurs.

En effet, les faibles, une fois réunis, usèrent, à leur profit, de l'avantage que leur donnait l'organisation. Ils ne consultèrent pas les forts dans leurs déterminations, car ils agissaient contre eux, et, par conséquent, toutes leurs décisions se trouvèrent opposées aux intérêts de ceux-ci. Ils se firent oppresseurs d'opprimés qu'ils étaient d'abord. Devenus puissants, à leur tour, par suite de leur fédération, ils s'opposèrent à ce que leurs ennemis pussent les imiter. En les tenant toujours divisés, ils demeurèrent plus forts qu'eux, quelque considérable que fût et que devint d'ailleurs leur nombre. Enfin, après les avoir dépouillés, ils les abrutirent par le refus de participation aux découvertes, par des privations de tout genre, par une assiduité au travail devenue indispensable, et surtout par la superstition religieuse. Ils les bâillonnèrent et les frappèrent au moyen de lois qu'ils fabriquèrent à leur guise. Ils allèrent jusqu'à dresser une partie des nouveaux opprimés à leur servir d'espions et de gardes contre l'autre.

Et c'est dans cet état que se trouvent encore aujourd'hui toutes les sociétés humaines. Le gouvernement aristocratique, ou du petit nombre, qu'elles ont toutes, et qui peut être défini : une association de la minorité des exploiteurs contre la majorité désunie des exploités : est devenue le plus mortel ennemi de l'Égalité sociale. Précisément parce que les dispositions prises par cette minorité, bonnes et légitimes dans le principe, puisqu'elles avaient pour but de la protéger contre les exactions de la majorité, ont été maintenues par l'association, lorsque, n'y ayant plus aucune crainte à concevoir, les droits de chacun auraient dû être replacés sur une échelle égale, et sont devenues au contraire tyranniques pour la majorité disséminée, il faut recourir aujourd'hui à de nouvelles dispositions. Car, malgré tous les efforts d'abrutissement, cette majorité s'est insensiblement assez instruite, sinon pour savoir corriger son sort, du moins pour reconnaître à la fois et sa force et son rôle. Et, par suite, les corps sociaux vivent dans un état continuel de défiance !

Il y a quatre-vingts ans qu'en France les masses parvinrent à s'entendre, et à renverser les faibles. Elles y sont parvenues deux fois encore, à des époques plus rapprochées ; mais, n'étant pas suffisamment éclairées sur les remèdes qu'exigerait le mal, en attribuant à tort aux individus et aux systèmes d'administration les vices qui existent dans l'organisation primitive, elles ont cru ne pouvoir mieux faire que changer les personnes ; et elles se sont constamment trompées. L'expérience le leur a fait bien voir. Les nouveaux élus, quoique choisis dans la majorité victorieuse, si ce n'est par elle, devenus forts, à leur tour, par l'association, se sont faits, à leur tour, despotes, et le mal continuerait ainsi de régner indéfiniment, si, d'un côté, les privilégiés persistaient à nier la possibilité du rétablissement de cet ordre naturel et primitif, et si, d'un autre, les classes déshéritées restaient dans l'ignorance des moyens propres à ramener et consolider pour jamais l'Égalité des droits. Heureusement, nous touchons au terme de toutes ces guerres allumées par le besoin et le monopole. Les Peuples commencent à voir clair.

* C'est pour la première fois, depuis que les hommes se sont rangés en société, que la conjoncture actuelle se présente. Il ne lui a pas été

---

* Il y a trente-cinq ans que je publiai ce qui suit, à partir de cet alinéa jusqu'à la fin du troisième chapitre. Je n'ai fait que changer quelques temps de verbes pour approprier le discours aux circonstances présentes. Les personnes qui ont ma *Réforme sociale* de 1834 peuvent s'en convaincre.

même possible de s'offrir plus tôt ; car elle devait être amenée par la gradation des lumières : et jamais encore, il est permis de le dire sans ostentation, celles-ci n'avaient atteint, du moins sous le rapport des idées politiques, le niveau d'aujourd'hui.

La civilisation semble se diviser en immenses périodes qui s'ouvrent et se clôturent par quelqu'une de ces époques qui font saillie dans l'histoire interminable du genre humain. La première de ces périodes, qui peut être appelée l'*Ère sauvage*, comprend les progrès de l'homme, depuis sa naissance jusqu'à son entrée dans l'état de société. La deuxième, qui doit prendre le nom d'*Ère de la Captivité*, renferme ses degrés d'amélioration depuis ce dernier temps jusqu'à son passage dans l'*Ère de l'Égalité*. Et c'est là positivement que nous en sommes. Il y a quatre-vingts ans que la race humaine est chrysalide de sa troisième métamorphose ; et la France se trouve le point culminant et de maturité par où elle travaille à l'accomplir.

Ainsi, ce n'est pas la souveraineté monarchique, ce n'est pas la souveraineté populaire qui sont maintenant en jeu, comme on le dit vulgairement. Tout le monde qui pense est à peu près d'accord intérieurement sur le triomphe légitime et tardif de cette dernière. Il ne s'agit non plus d'un roi ou d'un président, de ministres, ou même de fonctionnaires à adopter, à révoquer ou à remplacer, l'affaire de tous ces gens-là est faite et jugée, au tribunal de chacun. Il n'est personne qui ne sache parfaitement, à quoi s'en tenir sur leur compte respectif, et si le vain simulacre du gouvernement aristocratique est encore défendu par une minorité égoïste et vénale, c'est bien moins par rapport au mérite particulier d'un pareil gouvernement que par la peur de ce qui doit accompagner sa chute. Tous ces débats ne sont que des moyens partiels d'avancement, des mobiles secondaires de progrès pour la civilisation. Toutes ces luttes de pouvoirs ne deviennent si fréquentes qu'à cause du passage de la seconde à la troisième période, c'est-à-dire de l'Ère de la Captivité à l'Ère de l'Égalité.

Plus on conçoit la profondeur du mal qui travaille notre société depuis 1789, ou qui, pour mieux dire, s'est manifesté dans son sein depuis cette époque seulement, mais qui date de son origine, puisqu'il prit naissance avec elle, plus on est entraîné à penser que les divers médecins politiques qui se sont mis en scène et ont fait essai de leur art, aux moments des crises violentes, manquaient de portée dans la vue, de courage ou de conscience.

Dans la première hypothèse, leur esprit étroit s'était borné à comprendre que l'introduction du principe d'Égalité parmi les hommes, principe qui contient de force celui de la souveraineté populaire, et tous les autres encore qui découlent de celui-ci, pouvait être un remède efficace à des douleurs qu'ils croyaient particulières à leurs temps ; mais il n'avait été permis à aucun d'eux ni de voir que c'était là précisément le spécifique universel, la véritable panacée, ni de trouver les moyens d'en faire l'application, ni enfin d'apercevoir l'immensité de travail que devait exiger cette dernière.

Dans le second cas, ils avaient eu la perspicacité nécessaire pour juger du grandiose de l'œuvre, mais seulement d'une manière confuse ; et, s'étant perdus bientôt dans leurs fausses tentatives d'exécution, car la loi agraire, les confiscations et la guillotine ne pouvaient servir de véhicule à l'Égalité, ils étaient restés comme démoralisés devant les monstrueux et inutiles résultats de leurs premiers efforts. Ils n'avaient conservé ni assez de sens ni assez d'énergie pour découvrir et oser désormais mettre en branle aucun des ressorts qui pouvaient seuls bien commencer et bien finir l'entreprise. Ses vastes proportions les avaient, en quelque sorte, effrayés. Ils s'étaient vus trop petits au pied du colosse ; et leur rôle, après avoir été celui de paralytiques hébétés, s'était réduit à celui de victimes moutonnières.

Enfin, dans la troisième alternative, n'ayant été dépourvus ni de prévision, ni d'audace, étant, par conséquent, à même de tout voir et de tout apprécier, et pouvant très-bien, avec leur dose de force morale, passer à l'application de la sublime doctrine, ils avaient été de faux apôtres, des misérables de mauvaise foi, de lâches égoïstes qui avaient reculé devant le gigantesque de leur mission bénévole, craignant, sans doute, d'être emportés les premiers dans la tempête nouvelle et plus générale qu'il fallait soulever momentanément, sous les foudres mêmes de celle qui grondait déjà.

En effet, on ne saurait admettre que des gens à intelligence supérieure, à vigoureuse énergie et de noble franchise, aient cru sincèrement qu'on pouvait faire germer, fleurir et perpétuer, dans la société actuelle, où tout est artificiel, un principe qui doit lui apparaître d'autant plus étrange et d'autant plus impraticable qu'il se rapproche davantage de la nature ; et cela, par la simple promulgation d'un article de loi, par la miraculeuse vertu d'un décret, lorsque les lois et les décrets ne sont eux-mêmes que le produit des préjugés dont il s'agit justement d'opérer l'extirpation.

Non, ce n'est pas en proclamant à la tribune, dans les journaux, dans les assemblées, et même dans les rues, qu'il est juste que les hommes deviennent réellement égaux, qu'on réussira jamais à rétablir entre eux l'Égalité. Ce n'est point par la déclaration faite dans une charte qu'on y arrivera non plus. Comment s'attendre à ce qu'une simple convention, parce qu'elle est écrite dans un

code, ait son plein effet, lorsqu'il est matérielle-
ment impossible, par suite de l'organisation primitive, qu'elle soit observée. Espérer de bonne foi
qu'au moyen de quelques caractères typographiques composant une vaine sentence qui prescrit
l'Égalité, cette Égalité surgisse tout à coup, et
cesse d'être autre chose qu'une fiction, c'est espérer en dupe. Soutenir qu'il en peut être ainsi,
quand on n'est pas d'ailleurs tout à fait simple
d'esprit, c'est donner positivement à entendre
qu'on est fourbe et fripon. On feint de demander
ce qu'on serait fort affligé d'obtenir. On veut
que la profession du principe dispense de son application.

Encore une fois, car je ne me lasserai point de
le répéter, ce n'est pas une maxime, un ordre,
une publication, que ce nivellement impérieux
des classes peut sérieusement avoir lieu. Vouloir
y parvenir de cette manière, et prétendre étayer
ainsi notre édifico social, dont les craquements
sont faciles à entendre, c'est vouloir agir en fou,
c'est vouloir consolider sa maison en la faisant
repeindre ; ou bien encore c'est, ainsi que je
l'ai déjà observé, donner une preuve insigne de
mauvaise foi. Et tous ceux qui se posent aujour-
d'hui les avocats de cette généreuse doctrine de
l'Égalité, sans indiquer dans leurs beaux discours
d'autre moyen que celui d'une phrase pour l'établir et la cimenter, sont, aussi bien que leurs de-
vanciers, de pauvres sires qui feraient mieux de

s'occuper d'autre chose que de la science politique, ou des hommes à trempe molle et puérile,
que l'idée d'un changement même indispensable
effarouche, et qui voulant tout ménager, en
commençant par eux, craignent de mettre au jour
l'idée qui pourtant les tourmente, ou bien encore
ce sont des menteurs impudents qui ne prêchent
si haut qu'afin que l'éclat de leurs voix les fassent
ranger parmi les capacités de l'opposition, mais
qui seraient les premiers fâchés de voir la se-
mence qu'ils répandent dans les esprits neufs et
insatiables de la foule rapporter trop prompté-
ment des fruits.

Je serais assez enclin, du reste, à adopter cette
dernière supposition, car les ambitieux ne manquent jamais nulle part; et ceux-là ne le sont pas
moins qui déclament contre les autres. La République a eu déjà, et le Socialisme aura, à son
tour, ses aristocrates, comme la monarchie. Cette
espèce est incorrigible; la mort même ne lui sert
pas de leçon; ainsi que le phénix, elle semble renaître de ses cendres. Assez habile pour se sauver presque toujours du naufrage, elle finit par
s'emparer du gouvernail, et par faire voguer le
vaisseau de l'État à sa guise, c'est-à-dire à son
profit. Ce n'est point à coup sûr l'Égalité que désirent ceux qui parlent constamment de ses avantages, sans enseigner comment on en pourrait
jouir. La preuve en est, d'ailleurs, en ce qu'ils
cherchent toujours à se glisser aux premiers

rangs chez leurs frères d'opinion. C'est au contraire une occasion de sortir de la sphère de mé-
diocrité, où se consume leur orgueil qu'ils réclament. L'ordre existant les écrase ; ils ne sont pas
connus. Peut-être, sous un nouveau système,
leur nom resterait-il moins obscur. A cette seule
pensée, ils s'animent, ils délirent, ils ne rêvent
que bouleversement, et veulent y pousser tout le
monde ; mais c'est toujours avec la restriction intime de l'intérêt particulier. Si pourtant il est vrai
qu'ils souhaitent avec tant d'ardeur cette Égalité
sociale, que ne commencent-ils donc par en donner une preuve authentique ? C'est en passant de
la théorie phrasée, et par cela même suspecte, à
l'irrévocable pratique, que leurs patrons auraient
dû, et qu'ils devraient eux-mêmes aujourd'hui
faire juger de leur sincérité. Mais, le moment n'est
jamais venu pour ces véritables philanthropes, ces
amis exaltés, ces défenseurs éloquents des classes plébéiennes, de faire l'application de leurs
belles maximes. En véritables et chaleureux tri-
buns, ils ont soin de rappeler au Peuple toute sa
dignité ; ils l'excitent à sortir de sa longue apa-
thie, à ne plus supporter le moindre empiéte-
ment ; mais, puisqu'ils se bornent à donner des
conseils, sans indiquer aucune voie pour les suivre, n'est-il pas probable que c'est avec l'espoir
que leurs paroles retentissantes n'amèneront d'effet que dans des temps postérieurs, c'est-à-dire
quand leur carrière individuelle aura été fournie ?

car, pour eux, ils paraîtraient avoir à cœur, tout
en parlant de niveau, de se maintenir dans leurs
positions de sommité, s'ils parvenaient jamais
à en escalader quelqu'une. Alors, on les verrait,
dans toute rencontre, disposés à les défendre avec
acharnement, et prêts à mourir sur la brèche, tout
aussi bien que les plus encroûtés féodaux, plutôt que de se résoudre à descendre inconnus
dans cette foule qu'ils sermonnent, et dont ils
ne veulent abaisser une partie et élever l'autre,
qu'afin d'avoir la gloire de les exploiter toutes
deux.

Mais, voyons donc ! il faut s'entendre. Prenons
la déclaration solennelle des promesses que font
aux masses, pour se les attirer, ces partisans généreux de l'Égalité sociale, qui n'ont jamais rien
fait pour elle que de la rhétorique ! Examinons
les moyens qu'ils leur indiquent, comme propres à l'établir ! Ici, je me sens contraint,
je l'avoue, de crier à la nullité ou à la fourberie.

Quoi ! c'est en changeant un gouvernement,
c'est-à-dire en jetant quelques hommes pygmées
à terre, et en les remplaçant par de plus nains
peut-être, c'est en abrogeant ou en promulguant
quelques lois sur les impôts ; c'est en décrétant
le suffrage universel chez un peuple ignorant ;
c'est en proclamant enfin ce peuple souverain
par certaines paroles sacramentelles, que vous
prétendez, disciples trop fidèles des Saint-Just et

des Robespierre, couper la fièvre ardente qui dévore la société? C'est, enfin, par l'établissement de la République, qu'essayèrent jadis vos maîtres, que vous croyez pouvoir venir à bout de tout? Eh bien ! vous n'êtes pas, je vous en avertis, les médecins de notre époque. Vous avez mal tâté le pouls du siècle. Vous ne vous doutez pas du remède. Vous ne connaissez pas la gravité de l'affection. Ce n'est pas seulement le système gouvernemental qui est vicieux, c'est celui de la société tout entière.

Celui qui n'aperçoit dans la révolution présente, et ne donne pour but au mouvement terrible qui se prépare, qu'un détrônement de personnes et de principes particuliers, qu'une substitution de forme à une autre, est un niais qui ferait beaucoup mieux d'apprendre les évolutions militaires que de se mêler d'une propagande qu'il ne conçoit pas; car son rôle, au jour de l'exécution, s'il veut y prendre part, doit être de se faire tuer pour le triomphe d'une réforme dont son œil myope n'a pu saisir l'étendue. Sa tête n'est pas de celles qui doivent diriger, et qu'il importerait au Peuple de conserver à tout prix. Quand on se charge de conduire ce dernier, il faut se reconnaître un regard assez prompt et assez pénétrant pour embrasser tout le présent à la fois, et pour plonger encore dans l'avenir.

Non, ce n'est pas la République, du moins telle qu'on l'a comprise jusqu'ici, que réclame la génération présente. Cette République-là est depuis longtemps surannée. Son insuffisance est trop notoire pour qu'on puisse s'en contenter aujourd'hui. Et le politique qui parle d'Athènes, de Rome, de Venise, de la Suisse, des États-Unis ou de tout autre pays gouverné démocratiquement, et propose l'adoption d'un de leurs systèmes au moment actuel, n'en connaît pas les besoins. Il est au-dessous de la pensée qui domine tacitement le siècle. Pour désigner le gouvernement réformateur et tout à fait nouveau qui se prépare, il faut laisser de côté le mot République, car véritablement ce n'est pas la République que demande l'actualité. C'est une réforme sociale qu'elle veut avant tout. Le nom de République serait bien moins convenable au gouvernement égalitaire qui est sur le point de surgir que celui dont nous allons tout à l'heure le baptiser.

Il est sans doute bien malheureux pour les partisans stationnaires de la Montagne, qui ne rêvent que l'accomplissement des efforts de 1789, de se voir débordés, avant même que leur système ait pu recevoir une application réelle ; mais il en est pourtant ainsi. Les esprits, une fois émancipés, ont marché plus vite que les événements, quoique ceux-ci d'ailleurs ne se soient pas fait attendre. Et quand l'époque de réaliser ce qui fut, pendant plus d'un demi-siècle, l'objet des vœux et des méditations est là, il se trouve que ce dada politique ne réunit point les conditions indispensables aux yeux d'une génération d'autant plus exigeante qu'elle est plus hâtive; si bien que cette République, dont l'espérance faisait battre tant de cœurs, viendrait à être rétablie telle qu'elle fut conçue à la fin du siècle dernier, et même telle que nos républicains les plus avancés la conçoivent aujourd'hui, certainement il faudrait la changer encore avant qu'il fût longtemps.

Par cela seul que la race humaine est progressive, il ne lui faut pas de gouvernement arrêté. Les époques doivent décider successivement de sa forme.

Mais, s'il en était ainsi, dira-t-on sans doute, aucun système n'aurait donc de durée garantie, et le nouveau, que vous paraissez vouloir faire adopter, serait, par conséquent, tout à fait précaire lui-même. Oui, certainement, il le serait; mais, le jour où un autre viendrait le remplacer, serait un jour de progrès qu'il n'a pas été permis à mon esprit d'entrevoir; et, si alors j'étais encore de ce monde, j'applaudirais le premier au renversement de ce que j'aurais édifié de mes propres mains, me consolant par cette idée que chaque chose est utile en son temps.

Naissant sous l'influence inévitable de son siècle, et y demeurant soumis, à son insu, pendant toute la durée de sa carrière, à moins toutefois qu'il ne se trouve heureusement classé dans les exceptions de privilége, et n'ait été doté par la nature de cette rare organisation du génie qui, lui donnant une existence en quelque sorte anticipée, précite l'être présent dans les temps à venir, afin de lui en révéler les pensées dominantes et les besoins essentiels, l'homme, en général, ne saurait guère travailler que pour sa propre époque. Il ne devine point les générations postérieures, et ne songe pas dès lors à s'occuper d'elles dans ses œuvres. Aussi, arrive-t-il constamment que des institutions qui furent, sans contredit, excellentes à leur origine, parce qu'elles étaient appropriées aux exigences du moment, finissent, en vieillissant, non-seulement par ne plus rien valoir, mais par être nuisibles. Leur opportunité a cessé ; et, par cela même qu'elles ont autrefois convenu, elles sont insuffisantes et blessent maintenant. On a beau chercher à les modifier, à les corriger, à les replâtrer, à les travestir, le vice de leur âge apparaît toujours, malgré les efforts, les précautions et les ruses. Il n'y a pas de fard qui puisse cacher les rides et les difformités. Les années se succèdent, les circonstances se remplacent, les esprits s'éclairent, les vœux changent de but ; en un mot, les acteurs et les scènes se renouvellent sans cesse ; et, nécessairement, ce qui reste immuable au milieu de tant de mutations doit choquer par le disparate. Il est bien entendu que je ne parle ici que d'institutions purement immatérielles.

Toutes les créations humaines de ce genre

sont donc forcément temporaires. C'est une vérité incontestable, et qui n'a rien d'étonnant
d'ailleurs, car la race elle-même, comme je l'ai
dit tout à l'heure en d'autres termes, est contrainte d'obéir à une loi de progrès et d'abdiquer
en conséquence ses mœurs et ses opinions d'intervalle en intervalle, pour en prendre de nouvelles.

Mais, puisqu'il en est ainsi, puisque chaque
jour apporte une nuance d'amélioration générale,
pourquoi voudrait-on que l'art de vivre en société, qui devrait, au moins autant que les autres
arts, autant que les autres sciences, devenir
l'objet de sérieuses études, et, par suite, s'avancer avec une égale rapidité de perfectionnement,
restât néanmoins seul stationnaire, tandis que le
temps fait tout marcher et grandir? Pourquoi
voudrait-on qu'il fallût absolument se contenter
d'exister d'après telle ou telle formule d'association, telle ou telle loi, tel ou tel préjugé qu'adop-
tèrent jadis nos ancêtres, et qu'on n'osât y retou-
cher, quoiqu'on en reconnaisse à la fois l'absurde
et le périlleux, sans encourir la peine due au sa-
crilége? Une semblable prétention ne paraîtrait-
elle pas inepte et intéressée?

Quelque sage et quelque bien rédigé d'abord
qu'on pût supposer un contrat social, il ne saurait durer éternellement pas plus qu'autre chose
de ce monde. Pour qu'il fût bon à traverser ainsi
les âges et à régler successivement le sort des

générations, il faudrait, ou bien qu'il eût été
conçu par des prophètes, et eût alors, sous
leurs inspirations, prévu les changements à
coup sûr incalculables que devait et doit encore
amener un avenir infini et peut-être sans cesse
accidentel, ou bien, au contraire, il faudrait
admettre un véritable *statu quo,* auquel certaines classes favorites ne manqueraient pas
d'applaudir, mais dont le genre humain entier
ne s'accommoderait pas. Or, l'une et l'autre
hypothèse sont pareillement dépourvues de
sens.

Toutes les sociétés sont certainement ignorantes à leur formation, si ce n'est de leurs intérêts
présents, du moins, des intérêts futurs. L'égoïsme
du plus subtil s'y trouve souverain, et ce n'est
que par la tardive introduction des lumières dans
les masses que les idées de véritable justice
arrivent, et que celles de monopole, qui en
tenaient lieu, sont forcées de reculer chaque
jour d'un pas et de battre enfin tout à fait en re-
traite.

C'est ce qui fait que notre pacte social, qui fut
ce qu'il devait être nécessairement dans le principe, ne saurait nous convenir actuellement. Il
fut formé de telle manière qu'il était indispen-
fable de voir arriver, dans une époque postérieure, un temps d'arrêt, une espèce de dissolution
momentanée, pendant laquelle on lui substituerait
de nouvelles et meilleures conditions d'alliance.

La cause encore pour laquelle les malheureux des siècles passés se sont contentés de vivre sous des clauses dont l'iniquité nous révolte aujourd'hui, et qu'il paraît réservé à notre génération de changer, a été leur profonde ignorance, que les privilégiés avaient grand soin d'entretenir : ils souffraient sans connaître les causes barbares et fratricides de leur infortune, dont ils n'étaient pas même capables de juger toute la hauteur ; et ce qui pousse les malheureux du siècle présent vers une révolution aussi noble que légitime, c'est leur commencement d'instruction.

Voilà les hommes parvenus à la troisième étape sur le chemin incommensurable de la civilisation ! Il y a quatre-vingts ans que l'ère de l'Égalité s'est ouverte devant eux, et qu'ils essaient d'y faire leurs premiers pas. Afin de pouvoir, pendant toute la durée de cette période, dont il n'est pas permis de poser la limite, vivre d'accord en cercle social, et accomplir les progrès inhérents à leur destinée, sans être réduits à employer ces secousses terribles auxquelles l'opposition constante des chefs et de leurs protégés les ont contraints jusqu'à présent, toutes les fois qu'ils ont voulu tenter de faire un pas vers le mieux, il faut, d'absolue nécessité, qu'ils refassent le pacte fondamental, aux conditions duquel ils ont vécu dans la période qui finit, et qui les gouverne encore à présent, quoiqu'il soit, comme il devait l'être, du reste, entièrement à l'avantage des rois et des aristocrates. Sans cela, les troubles et les désordres n'auront point de terme, et le renouvellement rapide des générations sera toujours marqué par le sang, ainsi que je l'ai dit plus haut. Il faut qu'ils livrent promptement aux flammes ces chartes monarchiques et républicaines, prospectus insidieux de l'aristocratie, et retournent sans plus tarder, à l'acte primitif d'association ; car c'est là qu'il convient de porter la cognée. C'est un nouveau traité d'union qu'il s'agit de pétrir ; c'est un nouveau remaniement de société qu'il faut faire ; en un mot, ce sont de nouvelles institutions qu'il est urgent d'élever. Il n'y a pas d'autre route à suivre pour arriver au but généreux de l'Égalité sociale, s'il est toutefois bien certain qu'on ait cherché et qu'on cherche encore à l'atteindre. Alors, en effet, changeront les préjugés ; alors, aussi, les lois s'amélioreront d'elles-mêmes. Enfin, il faut que le nouveau pacte d'association soit approprié au temps qui court et qui va suivre, c'est-à-dire qu'il repose sur la base large et solide du principe d'Égalité ; car c'est l'Égalité, l'Égalité seule que réclame impérieusement l'époque. Mais, elle la veut positive, matérielle, et non factice et de vains mots, comme celle que la peur a fait accorder aux masses, depuis qu'elles ont secoué si violemment leur joug, montré au grand soleil les muscles et les tendons de leurs bras formidables, et fait voir qu'elles savaient, au besoin, tordre des baïonnettes, briser des barreaux de fer, braver et lancer le boulet, enfin renverser les trônes et pulvériser l'orgueil de la féodalité sous le pavé des rues.

Or, il n'existe que trois moyens de rendre vraiment possible cette Égalité, l'âme, la vie, le palladium de la nouvelle période. Et, quelque difficile qu'il semble de les mettre en pratique, je suis moralement convaincu qu'on entreprendra de le faire plus tard, si l'on s'y refuse maintenant. On va peut-être me traiter de Nostradamus politique, et rire de mes prédictions ; mais, en supposant que l'égoïsme et l'adresse de la minorité aristocratique qui règne encore aujourd'hui parviennent à rejeter dans un avenir lointain l'accomplissement du nouveau système que j'entrevois déjà comme établi, cet avenir arrivera néanmoins, j'en suis sûr, et prouvera que mes pronostics n'étaient pas si ridicules. Ces trois moyens, puisqu'il faut enfin les dire, sont : l'Instruction gratuite, la Classification des citoyens par corporations ou catégories d'industrie, et enfin la Nationalisation du sol au moyen de l'abolition de l'hérédité.

Maintenant qu'on a bien compris quelle sorte d'Égalité nous voulons établir, et qu'on n'aura pas sans doute la mauvaise foi de prétendre impossible, puisqu'elle était antérieure à la société qui ne fut même organisée que pour sa conservation, passons aux moyens matériels de la rendre vraiment positive, moyens qu'on nous a toujours reproché de ne point faire connaître, comme si notre mission se bornait à détruire, et comme si nous étions incapables de rien édifier.

Ici, je me sens contraint, je l'avoue, de rappeler à mes lecteurs que le Système de Réforme Sociale que je vais explorer, m'est entièrement personnel ; et que, par conséquent, j'en assume seul la responsabilité. Mes frères d'opinion et moi, nous avons certainement le même but ; mais, comme ni les circonstances, ni les lois sur la presse et sur les réunions ne nous ont jamais permis de mettre nos idées en fusion, afin de ne présenter plus à la fin qu'un système unique, il se pourrait que celui dont je me déclare exclusivement l'auteur ne coïncidât pas parfaitement avec tel ou tel autre qui paraîtrait plus tard. Toujours est-il, encore une fois, que tous les Réformistes ont la volonté d'arriver au même terme ; et qu'il ne saurait y avoir de nuances entre eux que dans quelques voies d'exécution, nuances qu'aucun n'hésiterait sans doute à sacrifier pour l'accord unanime.

On va donc voir comment j'entendrais, moi, particulièrement, et après bien des méditations, opérer la réforme de la société française, ou plutôt de toutes les sociétés actuelles ; car toutes, aussi bien que la nôtre, gémissent sous des gouvernements plus ou moins absolus, c'est-à-dire plus ou moins aristocratiques ; et je ne choisis la société française pour sujet d'application que parce qu'il m'en faut nécessairement un, Cet écrit, du reste, ne s'adresse pas à une nation plutôt qu'à une autre ; il est destiné à l'humanité entière, que je considère comme une même famille.

Voici comment je m'y prendrais pour rétablir l'Égalité primitive, et cimenter son règne, de manière à ce qu'il devînt à jamais indestructible. On va juger si je suis réellement un visionnaire, et, surtout, si je suis un méchant homme.

Je suppose la révolution, ou, pour mieux dire, la chute du gouvernement aristocratique accomplie. Je me transporte, par la pensée, au jour du triomphe populaire.

CHAPITRE IV

Il serait impossible, selon moi, d'ériger une
dictature légitime, aussitôt après l'abolition du
système gouvernemental actuel; et vînt-il à s'en
élever une de fait, il faudrait la considérer, non-
seulement comme aristocratique, et, par conséquent, usurpatrice, mais encore comme funeste
au pays.

Ou bien, en effet, le Peuple, c'est-à-dire la généralité des citoyens, ne pourra pas se réunir
après sa victoire, pour vaquer aux élections qui
devront régler sa nouvelle existence, ou bien, au
contraire, il en aura la faculté. Il faut admettre
de ces deux choses l'une.

Si le Peuple n'est pas libre de s'assembler, par
suite des circonstances d'alors, est-il concevable
qu'un pouvoir dictatorial surgisse légalement?
Toute puissance ne doit-elle pas émaner de la
volonté populaire? Et jusqu'à ce que cette volonté se soit manifestée par un vote universel,

n'est-il pas absurde de supposer qu'il puisse s'é-
tablir une autorité quelconque autre qu'une autorité despotique ! Quoi ! le Peuple se serait battu
pour l'anéantissement de l'arbitraire, et cependant il s'élèverait, sur le champ même de bataille
un pouvoir nouveau qui ne proviendrait pas de
lui? Mais un semblable pouvoir serait plus qu'im-
pudent ! A coup sûr, la folie serait son premier
caractère. Il voudrait, sans doute, servir d'aliment
à la rage de la Nation qui, le voyant apparaître
comme une nouvelle tète de l'hydre qu'elle tiendrait encore pantelante sous ses pieds, se hâterait
de la couper à son tour. Et si, du reste, le premier
acte de souveraineté qu'exercerait le Peuple, en
pareille occasion, n'était pas d'abattre l'individu
ou le corps privilégié qui aurait osé prendre le
ton de maître et dicter des lois, sans être nanti
de sa sanction, il commettrait non-seulement une
faute, mais une absurdité. Il marcherait en sens
inverse du mouvement révolutionnaire qu'il viendrait d'accomplir, au prix de son sang le plus pur.

Mais, quel serait, d'ailleurs, le siége de cette
dictature? Quels seraient les hommes qui ose-
raient l'investir? Paris, répondra-t-on, sans doute,
à la première de ces questions, et les chefs que
l'action aura fait connaître à la seconde. Bien !
mais Paris n'aura pas opéré seul, à coup sûr, le
mouvement révolutionnaire ; et, s'il est vrai de
dire que le gouvernement ne peut jamais recevoir le coup mortel autre part que dans la capi-

tale, parce que c'est là qu'est placé son cœur, il est vrai de dire aussi que le gouvernement existe dans toute l'étendue du territoire de la Nation, et que ceux-là qui auraient coopéré à sa ruine, en tranchant dans les provinces ses ramifications, quelques lointaines qu'on les suppose, n'auraient pas moins le droit que les Parisiens d'aspirer à la dictature. Or, qu'arriverait-il si les divers chefs de chaque département imaginaient avoir le droit de s'ériger en pouvoir suprême? Lequel de tous ces pouvoirs rivaux devrait-on adopter? Voyez dans quel chaos tomberait le pays! Il serait au moins aussi épouvantable que l'anarchie, dans laquelle je crois qu'il sera nécessaire de le laisser.

Au reste, je ne conçois autre chose de raisonnable et de logique que cette anarchie, depuis le moment de la désorganisation du gouvernement actuel, jusqu'à celui du vote populaire, c'est-à-dire jusqu'à la réorganisation légale. L'anarchie, dont nous, hommes civilisés, nous nous effrayons tant, et avec juste raison, parce que nous sommes accoutumés à un certain ordre de choses, bon ou mauvais, à une certaine harmonie, vraie ou fausse, dans nos grandes assemblées; l'anarchie, dis-je, est l'état primitif des populations. Elles sont en anarchie, avant d'être constituées en sociétés régulières, et elles rentrent en anarchie aussitôt que le pacte de société vient à être rompu.

Si le Peuple peut, au contraire, se réunir pour vaquer aux élections, qu'aura-t-il besoin de s'occuper à nommer une dictature ? Pourquoi ne procéderait-il pas immédiatement à l'élection du pouvoir législatif ou représentatif qui, une fois légitime, serait chargé de l'élection de tous les autres pouvoirs? Il ne faudra pas plus de temps pour un vote de cette nature que pour un vote de toute autre. Mais, si l'on s'obstine à objecter la difficulté de ce premier vote, en des conjonctures si orageuses, à cause de la rapidité qu'il exigera; et, par conséquent, si l'on met en avant les erreurs qui pourraient être commises, je dirai que le Peuple sera maître de ne créer ces pouvoirs que pour un temps très-limité, pendant lequel il aura celui de réfléchir; que ce pouvoir, s'il n'est digne du choix qui l'aura constitué, apportera du moins avec lui le caractère de la légitimité, au lieu de rappeler, comme la dictature, des idées constantes d'arbitraire; et qu'enfin de nouvelles et prochaines élections seront à même de réparer la faute des premières.

Ainsi donc, dans le cas où le Peuple serait libre de se réunir pour voter, comme dans le cas où cela lui serait impossible, une dictature légitime ne saurait prendre naissance.

Je passe maintenant à la seconde partie de la proposition, qui sera sans doute la plus longue à traiter. Je prouve le danger d'une dictature qui viendrait à s'établir seule, par la force des choses, et que le Peuple serait assez sot pour laisser subsister, et, qui plus est, pour reconnaître.

Dans quel but, en effet, pourrait être organisée cette dictature? Dans celui d'imprimer une direction quelconque à la Nation, de lui faire subir des influences jugées plus ou moins opportunes par une minorité; par conséquent, dans le but de la gouverner, car c'est là le mot véritable dont il faut se servir.

Eh bien! je prétends que nul n'a le droit de venir dicter des volontés au corps complet des citoyens; qu'il faut respecter la conscience de chacun; que c'est au Peuple, seul monarque, à déclarer ce qu'il veut, et non à certains individus qui se séparent de lui, sous prétexte de le conduire, à lui suggérer des volontés. Encore un coup, le peuple est tout puissant. Il doit faire tout par lui-même; et chaque fois qu'un ou plusieurs des membres dont se compose son être collectif tendent à s'écarter du cercle commun, on peut les juger comme portant au fond de leurs cœurs des vues d'intérêt personnel.

D'ailleurs, tout pouvoir a, comme tout individu, l'instinct de sa conservation; et la dictature, une fois établie, ne chercherait-elle pas tous les moyens de se maintenir? Alors, sans doute, on verrait se reproduire ces scènes odieuses qui accompagnèrent nos deux Révolutions de 1830 et de 1848, et dont les héros de Juillet et de Février furent les premières victimes. Alors, tout ce qui serait homme révolutionnaire, c'est-à-dire homme du progrès, homme voulant par conséquent la destruction du règne dictatorial, aussi bien que celle du règne monarchique deviendrait ennemi acharné du repos public, prendrait le nom de Philippiste, de Légitimiste, de Napoléoniste, en un mot, de factieux; et la dictature, pour s'en débarrasser, en supposant qu'elle ne pût, comme l'ont fait de tout temps les gouvernants, recourir aux émeutes, à la guerre civile, aux fusillades et à la transportation, qui sont d'assez bons moyens de destruction, ne manquerait pas de les envoyer aux frontières, tout aussi bien que le système actuel, servile imitateur de celui qu'il a remplacé, expédie pour l'Afrique ses antagonistes qui lui paraissent le plus à craindre. En dernière analyse, si le canon russe ou autrichien ne faisait justice des hommes du progrès, les cachots seraient toujours là pour leur prêter un asile silencieux.

Bref, la dictature emploierait tous les moyens imaginables pour se conserver. Chaque jour, nous verrions, aux coins des rues, de nouvelles proclamations annonçant les dangers imminents de la patrie, dévoilant quelque horrible complot de perturbateurs, effrayant, en un mot, la partie paisible et crédule de la population, dans le but d'inspirer la peur d'un changement nouveau, de consolider le pouvoir en groupant les intérêts individuels autour de lui, de traîner en longueur, de lui continuer enfin le monopole dictatorial. Et le peuple se serait encore une fois battu pour abaisser quelques aristocrates et en élever quelques nouveaux.

Mais la dictature sera responsable, dira-t-on, et n'aura, d'ailleurs, qu'une existence provisoire. Responsable? Et envers qui, puisqu'elle se sera créée elle-même; puisqu'elle ne devra sa vie qu'à sa propre force, à sa propre audace ; puisqu'elle n'aura été réduite à accepter aucune condition? Envers qui sera-t-elle tenue de venir rendre ses comptes? La Nation, qui ne l'aura point instituée, mais qui l'aura au contraire subie, aurait-elle bien l'impudeur de l'attaquer d'une manière légale?

Ensuite, elle n'aura qu'une existence provisoire! Oui, sans doute, je le crois ; mais, encore un coup, ainsi que je le disais tout à l'heure, qui peut assurer que ce provisoire ne se prolongera pas, et ne cherchera pas à devenir définitif; et qu'une fois maîtresse absolue des forces nationales, la dictature ne voudra pas se maintenir, en dépit de tous les vœux? Il est présumable que, pour obtenir son abdication, il faudra de nouveau recourir aux armes. Et toujours du sang répandu, par manque de prévoyance !

La dictature est cependant indispensable, répéteront à satiété certains politiques opiniâtres. Il faut qu'elle vienne contenir à l'intérieur les partis ennemis de la révolution, qui ne manqueront pas d'agiter de toutes parts les brandons de la discorde et de semer la guerre civile, pour faciliter aux peuples étrangers, intéressés dans leur cause, le moyen de nous soumettre et de nous imposer une deuxième et plus honteuse restauration. En second lieu, ne faudra-t-il pas un pouvoir supérieur qui dirige nos armées vers les frontières, quand ces mêmes peuples étrangers marcheront contre nous ?

Je répondrai, d'abord, que les partis intérieurs de l'État sont si faibles, si chétifs, si minimes, quand on songe que la révolution prochaine opérera, non pas une réforme de gouvernement, comme l'espèrent les aristocrates, mais bien une réforme sociale qui, pour partisans, rassemblera autour d'elle toutes les classes souffrantes, c'est-à-dire les dix-huit vingtièmes de la Nation, qu'il serait plus que puéril d'en concevoir la moindre alarme. Ces partis, qui paraissent si formidables en temps calme, ne seront rien aussitôt que le grand peuple des pauvres se mettra debout. Leurs voix partielles et maigres, pour tel ou tel système aristocratique déguisé, seront étouffées par le cri puissant et presque universel de réforme ; et c'est vouloir certainement donner du ridicule, plutôt que de l'importance, aux opinions étroites de changements de gouvernements, que de les placer ainsi à côté de l'opinion immense d'une transformation gigantesque.

En outre, la peur, qui sert si bien le despotisme aristocratique dans son monopole, deviendrait au moins aussi absurde, si elle était provoquée par les gouvernements des peuples étrangers. Sans compter que la France n'aurait pas besoin d'une dictature pour se sauver, et qu'elle saurait très-bien le faire elle-même, si elle était réellement attaquée ; je pense que l'aristocratie des Nations étrangères aurait assez à faire de se garantir de ses propres ennemis intérieurs, sans songer à venir nous chercher querelle. Tous les révolutionnaires de l'Europe, et peut-être même de plus loin, se lèveront chez eux, à notre exemple, et donneront de l'occupation à leurs gouvernements respectifs. Ce ne serait jamais immédiatement que ces derniers pourraient s'avancer contre nous. Et, pour si peu de temps que nous ayons pour nous préparer, nous serons en mesure de leur faire face d'une manière régulière.

Je reviens donc à mon opinion, et je répète qu'il serait impossible d'ériger une dictature légitime aussitôt après l'abolition du système gouvernemental actuel, et que, vînt-il à s'en élever une de fait, il faudrait la considérer, non-seulement comme aristocratique, et par conséquent usurpatrice, mais encore comme funeste au pays.

Au lieu de s'emparer ainsi du pouvoir d'une manière violente et frauduleuse, les chefs du

mouvement devraient employer toute leur in·
fluence à organiser rapidement les élections, afin
que le pays se trouvât le plus tôt possible placé
sous un régime légal; mais il faudrait que les
élections, loin d'être restreintes comme aujour-
d'hui, devinssent générales ; que, toute distinction de rangs étant à jamais abolie, les citoyens
ne fussent plus classés que par corporations ou
catégories d'industrie.

En effet, tant qu'on n'abolira point ces sépara-
tions étranges et dégradantes des masses qu'é-
leva jadis la morgue féodale, et qu'un orgueil
absurde, et pour ainsi dire de routine, a maintenues jusqu'à nous, les hommes ne pourront avoir
qu'une égalité postiche et de leurre. Qu'elles
soient effacées, s'écriera-t-on· encore de toutes
parts, comme on l'a fait depuis plus d'un demi-
siècle! Très-bien! mais ce n'est pas en se conten-
tant de proclamer, avec plus ou moins de véhémence, qu'il faut que cet ordre inconcevable soit
détruit, qu'on parviendra jamais à le détruire,
ni, qui plus est, à lui porter une atteinte sérieuse;
c'est en passant immédiatement à l'exécution matérielle qu'on y réussira. Quand je dis immédiatement, on conçoit ma pensée. Je me suppose, encore
une fois, arrivé à des jours plus chauds que ceux
où nous vivons. C'est leur prochaine venue qui
m'a mis dans l'erreur, et m'a fait employer ce
terme d'anachronisme.

Il ne saurait exister entre les individus d'autre

ligne de démarcation que celle qu'ils tirent eux-mêmes par le développement et l'emploi de leurs qualités personnelles. Le mérite ne doit résider ni dans le sang, puisque les veines de tous les hommes sont gonflées du même, ni dans l'argent, puisque le plus riche aujourd'hui peut être le plus pauvre demain, ni dans les fonctions administratives, puisque, en détruisant l'intrigue, c'est-à-dire en fondant un meilleur système de gouvernement, chacun y pourrait aspirer et parvenir avec de l'aptitude. Il repose tout entier dans le plus ou moins de services rendus au corps social, par conséquent, dans l'usage de l'industrie particulière. Celui-là doit être environné d'une plus grande auréole de mérite qui, en travaillant à son bien-être privé, contribue davantage au bien-être général.

C'est donc par catégories d'industrie, ainsi que je le disais, il n'y a qu'un instant, que je voudrais que les populations fussent classées, et non par étages de noblesse, de dignités ou de fortune, comme elles le sont aujourd'hui. Le laboureur, qui produit, doit avoir plus de prix et plus de considération dans la société, que le millionnaire par héritage, dont la seule occupation est la vie, et le seul travail la consommation.

Possédant, chacune, leur genre d'industrie, et chaque genre d'industrie ayant son importance relative, la considération doit environner toutes les classes. La paresse seule est à flétrir. Si, dans une société bien organisée, tous les membres doivent pouvoir vivre alternativement et accidentellement sans travail, nul que l'infirme n'a droit de le faire. Que s'il y avait des distances inévitables d'une profession à une autre, comme personne, d'après mon système, ne serait forcé dans le choix de la sienne, il faudrait admettre que ces distances, de peu d'intérêt, du reste, aussitôt que les préjugés seraient écartés, proviendraient de l'inégalité des capacités, que je ne prétends point combler, par cela que je veux donner à tous des moyens communs d'instruction, ainsi qu'on le verra tout à l'heure. De même que, si dans le sein des corporations respectives, il y avait des individus qui voulussent porter leur tête au-dessus des autres, ils ne pourraient se grandir que par leurs talents, puisqu'ils auraient tous les pieds posés sur le même sol. Et l'élan de la pensée ou le fini de l'œuvre n'a jamais été jugé un moyen illégitime d'élévation ; au contraire, les distinctions de cette nature ne sauraient être trop encouragées ; de tels mobiles d'ambition sont plus que licites ; la loi bienfaisante du perfectionnement les commande.

Voici enfin comment j'établirais cette classification des citoyens :

CLASSIFICATION ÉLECTORALE

1ʳᵉ CATÉGORIE D'ÉLECTEURS

HOMMES DE SCIENCES, LETTRES, ARTS

Académiciens.
Antiquaires.
Archéologues.
Archivistes.
Artistes scéniques.
Astronomes.
Bibliothécaires.
Chirurgiens.
Directeurs d'écoles de toute nature.
Directeurs d'établissements et de monuments nationaux.
Écrivains prosateurs ou poètes.
Ingénieurs.
Inspecteurs d'écoles de toute nature.
Inspecteurs d'établissements et de monuments nationaux.
Médecins.
Naturalistes.
Numismates.
Oculistes.
Officiers de terre et de mer.
Pédicures.
Pharmaciens.
Professeurs d'écoles de toute nature.
Vétérinaires.

2ᵉ CATÉGORIE D'ÉLECTEURS

HOMMES DE BEAUX-ARTS

Accompagnateurs.
Accordeurs.
Architectes.
Arpenteurs.
Ciseleurs.
Dessinateurs.
Editeurs.
Fondeurs.
Géomètres.
Graveurs.
Gymnasiarques.
Imprimeurs.
Ingénieurs.
Interprètes.
Lithographes.
Machinistes.
Maîtres d'armes.
Mécaniciens.

Mouleurs.
Musiciens.
Peintres.

Photographes.
Sculpteurs.
Sténographes.

3e CATÉGORIE D'ÉLECTEURS

HOMMES DE COMESTIBLES ET DE LIQUIDES

Abattoirs (employés des).
Beurriers.
Boulangers.
Bouchers.
Brasseurs.
Cabaretiers.
Cafetiers.
Cantiniers.
Caqueurs.
Caves (employés aux).
Charcutiers.
Chasseurs.
Chocolatiers.
Confiseurs.
Cuisiniers.
Distillateurs.
Eaux minérales (employés aux).
Fruitiers.
Gaufreurs.
Glaciers.
Grainetiers.

Harengers.
Hôteliers.
Jaugeurs.
Laitiers.
Limonadiers.
Liquoristes.
Maraîchers.
Ménagers.
Meuniers.
Moutardiers.
Oiseleurs.
Pâtissiers.
Pêcheurs.
Poissonniers.
Raffineurs.
Restaurateurs.
Rôtisseurs.
Tripiers.
Vermicelliers.
Vignerons.
Vinaigriers.
Vivandiers.

4e CATÉGORIE D'ÉLECTEURS

OUVRIERS EN TISSUS ET EN OBJETS DE TOILETTE

Amidonniers.
Barbiers.
Baigneurs.
Bandagistes.
Bonnetiers.
Bottiers.

Brodeurs.
Catisseurs.
Chaînetiers.
Chapeliers.
Chaussettiers.
Chemisiers.

Cordiers,
Cordonniers.
Costumiers,
Couturiers.
Culottiers,
Fleuristes.
Gantiers,
Gaziers.
Lingers,
Merciers.
Modistes.
Mouliniers,
Nattiers.

Ourdisseurs,
Parfumeurs.
Passementiers.
Perruquiers.
Ravaudeurs.
Repasseurs,
Rubaniers,
Sergiers.
Teinturiers,
Tisserands.
Tissutiers,
Tondeurs,

5e CATÉGORIE D'ÉLECTEURS

OUVRIERS DES CHAMPS

Aniers.
Badigeonneurs.
Bergers.
Bousilleurs.
Briquetiers.
Carreleurs.
Carriers.
Chaufourniers,
Chevriers.
Couleurs (fabricants de).
Couvreurs.
Eleveurs.
Forestiers.
Herboristes.
Horticulteurs.
Jardiniers.

Laboureurs,
Maçons,
Manouvriers.
Parqueteurs.
Paveurs.
Pépiniéristes.
Plafonneurs.
Plâtriers.
Porchers.
Potiers,
Régisseurs,
Stucateurs.
Terrassiers,
Tuiliers.
Vachers.
Verriers.

6e CATÉGORIE D'ÉLECTEURS

OUVRIERS EN MÉTAUX, MINES, CARRIÈRES

Affileurs.
Affineurs.

Aiguilletiers.
Aléniers.

Argenteurs.
Armuriers.
Batteurs d'or.
Bijoutiers.
Brunisseurs.
Chaudronniers.
Cloutiers.
Couteliers.
Emouleurs.
Etameurs.
Ferblantiers,
Fondeurs.
Forgerons.
Horlogers.
Houilleurs.
Joailliers.
Lapidaires.
Lanterniers.
Lunetiers.

Maréchaux-ferrants.
Marbriers,
Mineurs.
Miroitiers.
Monnayeurs.
Monteurs.
Opticiens.
Orfèvres.
Orpailleurs.
Planeurs.
Plaqueurs.
Plombiers.
Poêliers.
Sauniers.
Serruriers.
Taillandiers.
Tréfileurs.
Treillageurs.
Zingueurs.

7ᵉ CATÉGORIE D'ÉLECTEURS

OUVRIERS SUR MATIÈRE ANIMALE

Bourreliers.
Boutonniers.
Boyaudiers.
Brossiers.
Cardeurs.
Chamoiseurs.
Châtreurs.
Corroyeurs.
Ecaillers.
Ecorcheurs.
Emailleurs.
Empailleurs.
Equarisseurs.
Gadouards.
Hongroyeurs.

Lainiers.
Maroquiniers.
Matelassiers.
Mégissiers.
Parasoliers.
Peaussiers.
Peigniers.
Pelletiers.
Plumassiers.
Produits chimiques (fabricants de).
Raquetiers.
Savetiers.
Savonniers.
Selliers.

Tailleurs,
Tanneurs,
Tapissiers.

Teinturiers,
Tondeurs,
Vergetiers,

8ᵉ CATÉGORIE D'ÉLECTEURS
OUVRIERS SUR BOIS

Bimbelotiers.
Boisseliers.
Bouchonniers.
Bûcherons.
Carrossiers.
Charpentiers.
Charrons.
Ebénistes.
Layetiers.

Luthiers.
Menuisiers.
Rempailleurs.
Sabotiers.
Scieurs.
Tabletiers.
Tonneliers.
Tourneurs,
Vanniers.

9ᵉ CATÉGORIE D'ÉLECTEURS
OUVRIERS SUR PAPIER

Afficheurs.
Brocheurs.
Cartonniers.
Chiffonniers.
Copistes.
Ecrivains publics.

Expéditionnaires.
Noteurs.
Papetiers.
Régleurs.
Relieurs.
Teneurs de livres.

10ᵉ CATÉGORIE D'ÉLECTEURS
OUVRIERS EN COMBUSTIBLE

Artificiers.
Charbonniers.
Ciriers.
Chandeliers.
Exploiteurs de tourbe.

Fabricants de mottes.
Gazotiers.
Huiliers.
Poudriers.
Salpêtriers.

11ᵉ CATÉGORIE D'ÉLECTEURS

HOMMES DE PEINE

Balayeurs.
Baliseurs.
Bardeurs.
Bateliers.
Calfats.
Camionneurs.
Charretiers.
Chauffeurs.
Cochers.
Colporteurs.
Commis.
Commissionnaires.
Concierges.
Conducteurs.
Courriers.
Crieurs.
Crocheteurs.
Croque-morts.
Eclusiers.
Emballeurs.
Expéditionnaires.
Gardes.
Gardiens.
Geôliers.
Halliers.
Huissiers.
Infirmiers.
Magasiniers.
Mesureurs.
Peseurs.
Piqueurs.
Pompiers.
Postillons.
Ramoneurs.
Soldats.
Valets.
Veilleurs.
Voituriers.
Voyageurs.

12ᵉ CATÉGORIE D'ÉLECTEURS

HOMMES D'AMUSEMENTS

Acrobates.
Aéronautes.
Allumeurs.
Ballonniers.
Chanteurs.
Choristes.
Ecuyers.
Gagistes.
Jongleurs.
Maîtres de danse.
Maîtres de natation.
Ménétriers.
Ministres des cultes.
Musiciens.
Ouvreurs.
Saltimbanques.
Souffleurs.

7.

Quand les masses seraient ainsi divisées par corporations respectives, depuis le laboureur jusqu'à l'homme de science, il faudrait procéder à leur dénombrement dans tous les départements de France, afin que le chiffre des candidats que chacun devrait fournir dans chaque catégorie, comme représentants directs de ses intérêts, fût arrêté d'une manière juste, c'est-à-dire proportionnelle.

Les corporations qui ne seraient pas assez nombreuses pour avoir des députés s'adjoindraient à celles qui auraient le plus de rapport avec elles. Il serait, au reste, fort aisé, au moyen d'un tableau de statistique qu'il m'est impossible de consulter en ce moment, d'indiquer aux diverses catégories d'industrie, d'après le dénombrement de leur population, le chiffre exact des représentants qu'elles devraient élire.

Puis, les élections auraient lieu dans la forme suivante :

Tous les individus faisant partie d'une même corporation, ou adjoints à une autre, pour le motif indiqué plus haut, s'assembleraient, au jour fixé, au chef-lieu de canton, afin de donner leurs votes à un ou plusieurs des citoyens qui se seraient le plus distingués dans la partie des sciences, lettres ou arts à laquelle appartient leur spécialité, de telle sorte, par exemple, que les laboureurs, incapables par eux-mêmes de prendre part aux travaux du corps représentatif, choisis-

sent leurs députés parmi les citoyens qui se seraient le plus recommandés dans leurs divers
départements par leur savoir dans la chimie, la
géologie, enfin toutes les autres branches de
l'histoire naturelle qui peuvent se rapporter à
l'agriculture. Les votes terminés, les présidents,
qui seraient les doyens d'âge, en feraient le recensement, le publieraient et enverraient la liste
aux directeurs d'arrondissement qui, après avoir
fait à leur tour le recensement total des cantons,
et l'avoir rendu public, en remettraient la liste
aux directoires de département.

Enfin, ceux-ci, après les mêmes formalités,
enverraient la liste générale au membre du pouvoir exécutif chargé des suffrages. (En attendant
que ce pouvoir fût constitué, le dépouillement
aurait lieu dans chaque chef-lieu de département,
et la presse, pour cette première et unique fois,
tiendrait lieu du fonctionnaire encore innommé).
Puis, le recensement général aurait lieu à l'Assemblée nationale ; et ceux-là seraient proclamés
députés qui auraient obtenu plus de voix de leurs
corporations, proportionnellement au nombre
des membres dont elles seraient composées.
Ainsi, par exemple, s'il fallait dix députés dans
une corporation, ce seraient les dix candidats qui
auraient proportionnellement et successivement
obtenu le plus de suffrages dans toute l'étendue
de la France, qui seraient proclamés.

Je sais bien qu'on ne manquera pas de s'élever

contre ce nouveau mode d'élections, et d'alléguer
à la fois l'ignorance des représentants dans les
spécialités dont les intérêts leur seraient confiés,
leur nombre prodigieux, et enfin cet intérêt respectif des corporations. Mais il ne me sera pas
difficile de répondre.

D'abord, ainsi que je l'ai déjà dit, les corporations ne pourraient reposer leur choix que sur
les capacités les plus distinguées dans la partie
scientifique, littéraire ou artistique de laquelle
dépendraient leurs spécialités ; et ces capacités
seraient toujours assez ouvertes d'ailleurs, pourvu
qu'elles conçussent bien les intérêts des individus
et des lieux qu'elles auraient été appelées à protéger. A coup sûr, ces nouveaux représentants
seraient plus instruits sous ce rapport, et par
conséquent mieux à leur place que la plupart de
nos centriers d'aujourd'hui, dont toute la science,
en fait d'économie politique, se borne à l'exploitation du budget, à la défense des vieux priviléges et au morcellement de toutes les libertés.
S'ils n'avaient pas, du reste, dès leur entrée dans
la carrière, toute l'instruction désirable dans la
spécialité dont ils seraient appelés à défendre les
intérêts, cette instruction se compléterait d'autant plus vite que les fonctions de représentant
excluant toutes les autres, les études pourraient
être plus contenues et plus spéciales. Prévenus,
enfin, que leurs enfants seraient un jour peut-être
appelés à remplir le même rôle qu'eux, ces re-

présentants veilleraient avec sollicitude à ce qu'ils profitassent de l'éducation que la Nation leur donnerait gratuitement, comme on le verra tout à l'heure.

Quant à l'inconvénient du nombre, je me contenterai de dire, pour l'écarter promptement, que les élus, fussent-ils trois mille, payés cinq mille francs par an, chacun, le total de leurs dépenses ne composerait pas plus de la moitié d'une liste civile ordinaire.

Enfin, pour ce qui est de l'intérêt respectif des corporations, je demande si les meilleures lois (on verra, du reste, par la suite, qu'il n'en faudra pas beaucoup pour régir une société comme celle que je vais édifier) ne sont pas celles qui protégent le plus les intérêts particuliers, et si quelqu'un au monde est susceptible de mieux connaître ceux de chaque corporation que les citoyens spéciaux qu'elles se sont choisis elles-mêmes. On pourrait être assuré que tous ceux qui obtiendraient les honneurs de la députation, non-seulement représenteraient les intérêts de leurs mandataires, mais qu'ils représenteraient, en outre, ceux de la société tout entière, puisque ce serait de l'ensemble des suffrages des corporations respectives que dépendrait l'élection.

Dans la certitude réciproque où seraient alors les représentants d'avoir été choisis par la volonté libre de la totalité des corporations, et non par telle ou telle intrigue, et que, par conséquent,

chaque collègue serait homme de mérite et de
bonne foi, ils appelleraient la confiance à leurs
assemblées. La crainte des déceptions, des fourberies, des colères, des vengeances, en un mot de
tout l'attirail dont se fait suivre l'agiotage minis-
tériel, disparaîtrait de leur cercle ; et la raison et
le sens, c'est-à-dire l'indépendance, prendraient
la place de la ruse, de l'astuce, du mensonge et
de la nullité qui siégent aujourd'hui.

Puis, j'ajouterai que, par ce nouveau système
d'élections, la Nation entière, et non une fraction
benjamine, étant vraiment représentée, puisque
chacune des corporations dont se composent les
douze catégories, nommerait ses députés particuliers, pourrait se considérer alors comme positivement souveraine. En outre, la corruption, si
habile à se glisser partout, ne saurait, sous un
semblable mode, trouver ni instrument ni objet.
Toutes les fonctions administratives étant, ainsi
qu'on le verra tout à l'heure, distribuées au concours, au lieu d'être, comme aujourd'hui, à la disposition du pouvoir exécutif, les votants resteraient dans l'indépendance la plus complète ; et,
les disproportions de fortune devenues fort rares,
ou du moins fort peu considérables, ainsi que je
le démontrerai plus bas, il n'existerait d'autre
moyen de captation que celui de la supériorité
de talent, de la prééminence de mérite.

Voilà comment je souhaiterais que débutât la
Nation, après son triomphe sur le pouvoir actuel!

Et quand le corps représentatif aurait été ainsi organisé, ce serait à lui à agir; car, tout ce qui sortirait de ses mains serait désormais légitime.

Et d'abord, je voudrais qu'il s'occupât de faire une Constitution dans laquelle fût à tout jamais garantie la souveraineté populaire; qui, non-seulement énonçât, mais encore rendît inévitable l'Égalité sociale, par suite des conventions organiques et explicatives dont elle serait composée; car, les articles de loi ne sont qu'un amas de caractères typographiques, quand les modes d'exécution leur manquent,

N'est-ce pas, en effet, une véritable dérision aujourd'hui de prétendre que le Peuple est souverain, tandis qu'une immense partie de ce Peuple ne saurait faire connaître sa vraie volonté sur aucune question; tandis qu'il y a à la tête de ce Peuple un homme omnipotent qui, sans prendre d'autre avis que le sien propre ou celui d'une majorité aristocratique, dispose, à toute heure, des forces de terre et de mer, nomme directement les membres du pouvoir exécutif, dont il n'est censé pourtant que le chef, les préfets, les sous-préfets, un grand nombre d'autres magistrats, et indirectement, c'est-à-dire par l'influence de ses ministres, la totalité des fonctionnaires subalternes; tandis que cet homme, souverain bien réel de l'État, malgré l'article de la Constitution qui adjuge la puissance suprême à

un autre souverain constamment muet et méconnu, reste parfaitement le maître de diriger la
chose publique à son caprice, nanti qu'il est
de tous les moyens d'exécution et de coercition ?

Je voudrais que le pouvoir représentatif, devenant pouvoir constituant, s'occupât, avant tout
à dresser un nouveau contrat social; que ce
contrat renfermât, non-seulement l'énoncé de la
souveraineté nationale, mais indiquât et consa-
crât, comme lois organiques, les trois moyens
de rendre cette souveraineté à jamais impérissable, c'est-à-dire que la Nationalisation du sol, la
Classification des citoyens, et enfin l'instruction
gratuite devinssent les clauses essentielles de
cette nouvelle Constitution, comme étant les seuls
et infaillibles agents de l'Égalité sociale, et, partant, de la souveraineté populaire.

Je voudrais, enfin, que les articles de cette
Constitution, sauf les considérants, les réflexions ou les explications dont je crois devoir
les faire précéder ou suivre, fussent à peu près
rédigés comme on va le voir dans le chapitre
subséquent.

CHAPITRE V

PROJET D'UNE CONSTITUTION

Attendu que, sous la monarchie absolue ou sous l'empire, qui ne peuvent manquer de produire le despotisme, les Nations n'ont aucune espèce de garantie; que l'expérience est là pour attester, d'un côté, les crimes des chefs et leur tendance continuelle à l'abrutissement, et, de l'autre, la misère et la dégradation des Peuples, livrés aux gouvernements de cette nature;

Attendu que les pouvoirs absolus sont toujours dégouttants de sang, toujours environnés de terreurs et de gardes, d'esclaves et de poignards; qu'ils se sont, de tout temps, signalés par leurs turpitudes presque fabuleuses, par leurs priviléges outrageants, par leurs rapines et leurs prodigalités révoltantes, par leurs ridicules parcimonies, par leurs scandaleuses prostitutions, par leurs bassesses, leurs fourberies, leurs parjures, leurs polices infâmes, leurs machinations infernales ;

Attendu que, sous les gouvernements constitutionnels ou représentatifs, et même sous la République, telle qu'elle s'est montrée chez les Peuples anciens ou chez les Nations modernes, toutes les chartes n'ont été que des prospectus mensongers des chefs d'une minorité aristocratique ; que les Nations, quoique y étant dites souveraines, n'ont joué d'autre rôle que celui de dupes ; que les pouvoirs exécutifs, qui ne devaient être que les commis de ces Nations, les simples exécuteurs de leurs volontés, ont, au contraire, tenu toujours dans leurs mains tous les moyens de séduction et de coercition, et gouverné par le fait aussi bien que régné ;

Attendu que, par conséquent, une nation ne saurait être réellement souveraine, tant que sa souveraineté n'existe que par une déclaration du pacte fondamental ; que, pour qu'elle devienne telle, il ne lui faut pas des mots toujours faciles à éluder ou à faussement interpréter, mais bien des dispositions qui, par leur nature, la contraignent à devenir et à rester à jamais souveraine ;

Je voudrais que la Constitution nouvelle de la France, en proclamant la souveraineté nationale, la rendît, en même temps, positive, et que ses articles fussent les suivants, sinon quant aux termes, du moins quant aux idées.

CONSTITUTION

ARTICLE PREMIER. — En attendant l'époque où, la lumière ayant émancipé tous les Peuples et fait germer en eux le sentiment de fraternité universelle, l'humanité ne formera plus qu'une seule famille soumise à la même loi, la fraction de cette humanité, connue sous le nom de Nation Française, déclare à jamais abolis chez elle toutes les chartes et tous les gouvernements qui ont paru jusqu'à ce jour, et se reconstituer en société sous le titre de *Communauté de France* ou de *Société Française.*

ART. 2. — La Nation, unique propriétaire du sol et de tout ce qu'il renferme, produit ou supporte, garantit l'existence, l'éducation et le travail (tant qu'il demeure nécessaire) à chaque citoyen, et se gouverne elle-même au moyen du suffrage universel, et par l'organe d'une Assemblée représentative, dont douze membres composent le Pouvoir Exécutif.

ART. 3. — Chaque citoyen, sans exception, même à l'égard de celui qui se trouverait puni par la loi, exerce le droit de suffrage dès qu'il a vingt ans accomplis. La part de souveraineté ne peut être enlevée que par la démence ou par la mort.

Chaque citoyen, sans exception, peut être représentant, s'il a vingt-cinq ans accomplis.

Chaque citoyen est fonctionnaire de l'Etat, qui est la Société elle-même, à sa sortie de l'école dans laquelle il a obtenu son brevet de capacité.

ART. 4. — Les élections des Représentants ont lieu par corporations ou catégories d'industrie. Leur nombre variable est proportionnel à celui des membres des catégories.

Les membres de l'Assemblée Représentative sont

élus pour cinq ans. Ils peuvent être révoqués, à la fin de chaque année, par les catégories qui les ont nommés, si celles-ci ne jugent pas qu'ils soient à la hauteur de leur rôle. Ils sont rétribués, et peuvent être réélus à l'expiration de leur mandat.

Tout, dans la Société, dépend de l'Assemblée Représentative. C'est par son organe que la Nation exerce la souveraineté. Les forces de terre et de mer, tant qu'elles sont conservées, ne marchent que par son ordre, ou sur sa délégation.

Art. 5. — Les membres du Pouvoir Exécutif sont élus, pour quatre ans, par l'Assemblée Représentative, et pris dans son propre sein.

Ils sont toujours révocables et responsables de leurs actes devant l'Assemblée Représentative, à laquelle ils sont tenus de rendre leurs comptes à la fin de chaque année, et même toutes les fois qu'elle juge à propos de les leur demander.

Le Pouvoir Exécutif se compose de douze membres prenant le titre de ministres : 1° de l'Instruction; 2° des Inventions; 3° de l'Agriculture; 4° des Travaux; 5° du Commerce; 6° de l'Intérieur; 7° des Finances; 8° de l'Extérieur; 9° de la Justice; 10° de la Marine; 11° de la Guerre; 12° des Jeux.

Art. 6. — Un jury convoqué, selon le besoin, dans le chef-lieu de département, d'arrondissement ou de canton, et composé de citoyens appartenant, moitié à la spécialité du prévenu, moitié à la spécialité du plaignant, prononce en dernier ressort dans toutes les affaires civiles, correctionnelles et criminelles.

Art. 7. — Il n'existe d'autre peine que celle des travaux forcés à temps ou à perpétuité.

Art. 8. — Tous les cultes sont tolérés : aucun n'est rétribué.

Art. 9. — Chaque citoyen est libre d'émettre son opinion, verbalement ou par écrit, sur toute espèce de matières, et ne demeure responsable que de ses outrages aux mœurs et de ses calomnies.

Art. 10. — Nul citoyen ne peut être arrêté préventivement que dans le cas de flagrant délit, et en matière criminelle.

Art. 11. — La propriété individuelle, qui consiste dans le numéraire ou les meubles de toute nature acquis au moyen du prix de main-d'œuvre, retourne à l'Etat, à la mort du propriétaire.

Art. 12. — L'héritage, l'impôt, la police occulte, le remplacement militaire et toutes les lois relatives à l'ancien droit de propriété sont à jamais abolis.

Art. 13. — L'armée et les fortifications ne seront conservées qu'autant de temps que l'esclavage des autres Peuples les rendra nécessaires.

Art. 14. — La présente Constitution, émanant de l'Assemblée Représentative, ne deviendra sacrée que du jour où la Nation l'aura sanctionnée directement par les votes des trois quarts des électeurs.

Elle ne pourra être révisée que lorsque la Nation exprimera directement, et non par l'organe de l'Assemblée Représentative, le vœu qu'elle le soit, par les votes des trois quarts des électeurs.

Cette Constitution, comme on voit, ne serait pas longue. Elle suffirait pourtant à établir et à rendre indestructible l'Egalité sociale. Ce n'est pas le nombre, mais c'est la teneur des clauses qui fait l'excellence d'un contrat.

Revenons maintenant sur ces articles ! Voyons, d'abord, si la Nation a le droit de s'établir unique propriétaire du sol, et comment, si elle a ce droit, elle peut parvenir à l'exercer !

NATIONALISATION DU SOL

Nous avons prouvé tout à l'heure, on s'en souvient sans doute, que l'homme recherche instinctivement l'Égalité sociale ou la Liberté, choses qui sont parfaitement identiques.

Or, l'homme qui a faim n'est point libre. L'idée d'indépendance implique nécessairement celle d'extinction de la misère.

Ce qui est vrai pour l'individu l'est pour la masse. Une Nation dont chaque membre n'a pas le pain quotidien assuré, est esclave. Le riche se trouve sous le joug de la peur, comme le pauvre sous celui du besoin. Une pareille Nation qui se suppose souveraine, ressemble au moribond qui se croit en santé.

Il n'y a ni liberté individuelle, ni, par conséquent, Souveraineté nationale, là où il n'y a pas sûreté universelle d'existence.

Dans l'état actuel de la civilisation, et sous l'empire des lois qui régissent encore tous les corps sociaux, l'intelligence humaine n'étant point parvenue à remplacer les bras par les machines, l'existence ne peut être assurée que par le travail.

La garantie du travail est donc provisoirement l'assise de la liberté individuelle et de la souveraineté nationale.

Mais la garantie du travail ne peut être donnée par l'individu à l'individu ; il y aurait domination et caprice d'une part, dépendance et crainte de l'autre ; partant, absence de liberté.

L'Etat peut donc, seul, donner la garantie du travail. Mais, alors même que cette garantie du travail se trouverait consignée dans le pacte social, comment l'État, exécuteur de ce pacte, pourrait-il donner réellement cette garantie, sans être propriétaire.

Dans la position présente de notre société, les ressources de l'Etat, malgré le nombre et la gravité des impôts, ne suffisent qu'à grand'peine à sa propre existence. Comment l'Etat pourrait-il, dès lors, garantir celle des travailleurs qui sont la partie la plus nombreuse du corps social ?

Pour garantir l'existence, c'est-à-dire le travail permanent, l'État doit forcément devenir propriétaire.

Mais l'État, alors que c'est pour lui une obligation de devenir propriétaire, a-t-il néanmoins le droit de le devenir ?

Oui, l'État a le droit de se faire propriétaire, car il est à la société ce qu'est le père à la famille ; et, à ce titre, il doit à chacun des membres qui composent le corps social, les mêmes moyens d'existence, d'éducation et de travail, c'est-à-dire d'exploitation de lui-même.

Or, pour être à même de fournir ces moyens uniformes qui constituent, comme on sait, l'Égalité sociale, ne faut-il pas qu'il les ait à sa disposition ? Et, pour les avoir à sa disposition, ne faut-il pas qu'il possède ?

Si une partie des membres du corps social possède tout, ne paie à l'État que la part d'impôt qu'il lui doit, ou même évite fort souvent de la payer par des moyens adroits que la législation ne peut atteindre ; si l'autre partie, bien plus considérable, des co-sociétaires, qui ne possède rien, ou qui ne possède qu'une part insuffisante à la faire vivre, et comme salaire de sa production, est néanmoins celle qui entretient le budget, et demeure ainsi, non-seulement toujours pauvre, toujours ignorante, toujours affamée, mais encore menacée par le manque de travail, c'est à l'État à rétablir l'équilibre, à replacer les conditions sur des bases justes, c'est-à-dire égales, en un mot, à faire cesser, d'un côté, le privilége et le monopole, et à éteindre de l'autre la misère et l'exploitation. L'État ne doit point souffrir de monstrueux contrastes. Il est tenu de voir tous les citoyens du même œil, et de reconnaître à tous des droits égaux et des moyens égaux de fournir leur carrière. Pour atteindre ce but, dont il est impossible de nier la justice, l'État a donc le droit de se rendre propriétaire.

Mais, comment l'État, alors qu'il a le droit incontestable de se rendre propriétaire, et qu'il se trouve dans l'obligation de le devenir, peut-il parvenir à se faire propriétaire ?

L'État peut se faire propriétaire de trois manières :

1° Par la violence, et sans aucune espèce d'indemnité, en déclarant que le sol, tous les immeubles qu'il supporte et tous les objets d'industrie dont ce sol a fourni les matières premières, appartiennent désormais au corps social tout entier ; que l'envahissement antérieur des possesseurs actuels n'est point un titre autre qu'un titre d'usurpation ; que les classes de citoyens qui ne possèdent point ne doivent pas être condamnées à rester toujours souffrantes, par suite de cette occupation antérieure, alors surtout que ce sont elles qui ont contribué à fonder, entretenir et accroître ces fortunes de privilége ; que les aînés ne doivent point empêcher les puînés de vivre ; qu'enfin les générations héritent les unes des autres avec bien plus de droit que l'individu de l'individu ;

2° Par l'expropriation forcée, en déclarant l'utilité publique pour toute sorte de propriétés, comme il est fait quelquefois pour certaines : en servant au propriétaire la rente de son capital évalué jusqu'à parfait remboursement ; ou en lui soldant, en papier monnaie, ce capital entier, dès l'instant de l'expropriation ;

3° Enfin, par l'abolition de l'hérédité qui, du reste, devrait être également prononcée dans les deux cas précédents, sous peine de voir l'aristocratie se reconstituer bientôt. L'emploi de ce dernier moyen permettrait aux propriétaires et à leurs descendants, actuellement vivants, de maintenir leurs conditions, dans toute leur intégrité, l'État ne devant s'emparer du sol et de toutes les propriétés qui en découlent qu'au fur et à mesure des décès.

Laissons de côté le premier moyen! quoique juste à la rigueur, il ne faut point l'admettre comme devant entraîner trop de résistance et trop de désastres.

Ne nous occupons pas non plus du second, qui est pourtant reconnu légitime aujourd'hui, puisqu'on a recours à l'expropriation pour cause d'utilité publique dans certaines circonstances! Il est vrai que ce droit d'expropriation reconnu à l'État n'est exercé que contre quelques particuliers, et pour exécutions de travaux publics. Mais un droit exercé contre un individu ne peut-il pas l'être contre tous? Et quelle meilleure cause d'utilité publique peut-on faire valoir que celle de l'existence de tous les membres du corps social? N'importe, néanmoins! malgré les compensations accordées aux propriétaires pour ce deuxième mode, il faut le récuser également. Il soulèverait peut-être trop de haines et annihilerait trop de volontés. D'ailleurs, l'excellente raison qui me fait repousser ces deux moyens qu'a l'État de devenir propriétaire, c'est qu'il lui en reste un troisième, contre lequel il ne peut être élevé, je crois, aucune objection sérieuse, et qui devrait, en outre, s'il n'était employé seul, se joindre à celui des deux autres qui serait adopté, pour en rendre l'effet durable.

Toutefois, avant de parler de l'abolition de l'hérédité, j'ai besoin de faire encore sur le droit de propriété quelques réflexions qui ne seront peut-être pas inutiles.

Chaque individu a certainement le droit de soutenir une vie qu'il n'a pu ni demander ni refuser. Par cela seul qu'il est né, il est autorisé à vivre. Si l'homme ignore la raison pour laquelle il vit, du moins est-il bien assuré que c'est pour vivre qu'il est né. Il ne saurait interpréter différemment sa création. Quel autre but plus certain pourrait-il lui donner? Il est venu à l'existence pour exister; c'est une chose incontestable. La vie est la première loi à laquelle il est soumis, comme la mort la dernière. Or. puisque la vie est une loi pour lui, il doit s'y soumettre; et tous les moyens pour cela lui doivent être bons. Il lui est commandé de conserver ses jours, à quelque prix que ce soit; et ni difficultés, ni embarras, ni entraves, ni misère, ne doivent le décourager et le porter au désespoir. Le suicide lui est défendu. Cet acte violent est une désobéissance à la loi de la vie. La même fatalité qui l'a fait naître à telle époque s'est chargée du soin de le faire mourir à telle autre. En se donnant la mort, l'homme arrête sa destinée; il la tronque, et fait avorter en même temps les projets de la puissance créatrice, qui ne voulait opérer que plus tard sa désorganisation. Il manque à la nature sa mère ; il fait plus, il la calomnie. Or, trouve-t-on nulle part sur la terre l'exemple d'une pareille monstruosité ? Vit-on jamais la plante ou l'animal qui naissent par ordre direct de la nature, mourir faute d'aliments ? Non, sans doute : tout ce qui a reçu l'existence est environné des objets nécessaires à sa conversation ; la faim n'est pas l'agent que la nature emploie pour détruire.

Mais, en adoptant un semblable principe, dira-t-on sans doute, l'homme qui fait partie d'une société, qui n'a aucune ressource acquise, qui manque d'industrie ou de travail, et qui refuse de recourir à la charité de ses co-sociétaires, serait donc autorisé à devenir voleur ? A cette interrogation il faut répondre par une autre. Pourquoi y a-t-il dans les sociétés des hommes qui ne possèdent rien, qui n'ont pas un genre quelconque d'industrie, ou qui, s'ils en ont un, manquent des moyens de l'exercer ? Le vol ne pourrait pas se concevoir dans un corps social bien organisé, c'est-à-dire dont chaque membre aurait son existence garantie. Le crime se trouverait détruit d'avance, par cela même qu'il ne serait pas nécessaire ; et c'est toujours aux mauvaises législations qu'on doit s'en prendre des souillures de la race humaine. Ce n'est pas contre la loi de la nature qui commande à chaque individu de garder, en dépit de tous les obstacles, la vie qu'elle lui a confiée, qu'il faut s'élever : les décrets de la nature sont immuables ; il n'est pas au pouvoir de faibles mortels de les changer ; ce sont les lois sociales qu'il s'agit de refaire, si elles ne s'accordent pas avec ces décrets qui doivent toujours leur servir de base.

Qu'on ne me soupçonne pas, du reste, de plaider la cause du vol dans l'état actuel de la société ! A Dieu ne plaise que j'en aie la pensée !

Ce n'est point le corps social, il est vrai, qui sévit aujourd'hui contre les voleurs, puisque le corps social, c'est-à-dire la totalité des membres d'une même assemblée, n'est point propriétaire et n'a pas de quoi être volé. C'est l'aristocratie qui possède et qui fait les lois, en s'arrogeant ainsi le droit de représenter la société entière, qui frappe les envahisseurs de la propriété, et l'on conçoit aisément pour quel motif.

Mais, parce qu'il est barbare de la part des monopoleurs, qui pourraient anéantir le vol au moyen d'une juste et intelligente répartition, et qui le rendent, au contraire, indispensable, par leur égoïsme, de poursuivre et de tourmenter le voleur, ce dernier n'en est pas moins coupable et digne de son sort à mes yeux.

Tant qu'on n'est pas assez fort pour réformer les mauvaises institutions d'un corps social, il faut se résigner à les subir, mais on doit constamment travailler à les détruire, et par rapport à soi, et par rapport au perfectionnement de l'humanité en général, auquel chacun est tenu de concourir selon ses facultés. Celui qui, au lieu de réserver ses efforts pour le renversement d'un ordre social qui écrase la majorité, s'amuse à dépenser sa force et sa subtilité à faire une petite guerre d'homme à homme, n'est pas seulement un imbécile qui se plaît à s'exposer inutilement, ou du moins pour une réussite accidentelle qui n'améliorera ni sa destinée future, ni celle de ses enfants ; mais il est encore un misérable maraudeur qui, poussé par le désir de satisfaire particulièrement sa paresse et les penchants vicieux qu'elle engendre, s'éloigne du cercle des opprimés pour vivre plus à l'aise, et sans vouloir attendre une époque favorable où le corps entier des malheureux auxquels il refuse sa coopération, et qu'il n'épargne pas même dans ses rapines, pourra se mettre debout et crier à la réforme. C'est un lâche qui s'isole, se cache, attaque à l'improviste des gens désarmés, et qui n'ose pas travailler à amener un jour de bataille décisive. En outre des dangers qu'il court et de l'individualisme qu'il étale, le voleur, qui se plaint de la répartition des biens dans le corps social, ne devient-il pas lui-même monopoleur ? Qui lui garantit la justesse de sa part, quand c'est lui qui se l'adjuge ? Ne dépasse-t-il pas ce qui devrait lui revenir d'un partage exact et général ?

Ceux qui soutiennent les voleurs, et vont même jusqu'à faire leur éloge, ne sont sûrement pas des réformistes. Ils éveillent de bien tristes suppositions sur leur compte. Ils font naître cette idée, que c'est peut-être par vanité personnelle qu'ils les proclament les politiques les plus avancés du corps social.

Il n'existe aucune espèce de rapport entre ces deux natures d'homme. Au contraire, le voleur est, aussi bien que l'aristocrate, un ennemi essentiel de l'amélioration sociale. Entièrement absorbé par son égoïsme, il oublie parfaitement les maux de la société, dont il ne tient à faire partie qu'afin de l'exploiter ; et, loin de travailler pour le progrès général, il ne s'occupe que de lui. Il ne voit que sa passion et la loi, la réussite et le bourreau. Manquant de toutes les vertus du citoyen, comment pourrait-il avoir celle du dévouement ? S'il fait part de ses rapines, ce n'est que parce qu'il a peur des misérables de sa bande, ou tout au moins par espoir de réciprocité. Le réformiste, au contraire, toujours noble dans ses actions ainsi que dans ses sentiments, attaque les mauvaises lois et non les individus qui en profitent ; c'est à la charte qu'il en veut et non pas à la bourse. Il oublie jusqu'à sa personnalité pour se dévouer au bien-être des masses de l'époque présente et de l'avenir, pour améliorer le sort du voleur lui-même qui rit de tant de grandeur d'âme, sans pouvoir la comprendre. Bref, l'un a besoin de l'ombre et du silence, tandis que l'autre cherche le grand soleil et le bruit du canon. L'un est sans contredit le premier chaînon de l'immense chaîne humanitaire, et l'autre mérite à peine d'en être considéré comme le dernier.

Mais, après ce long écart, qui répond d'une manière suffisante, je crois, aux absurdes imputations d'amour pour le pillage que, malgré les témoignages contraires qu'ils ont offerts dans tous les moments de désordre et de crise, on continue parfois encore à lancer contre les partisans de l'Égalité sociale, je reviens à ma question.

L'homme, par cela seul qu'il est né sur la terre, et qu'il lui est impossible d'en sortir, pour aller se procurer ailleurs tout ce que nécessite son existence, a le droit de se considérer comme propriétaire du sol et de tout ce qu'il rapporte. C'est ce sol qui a été chargé du soin de tenir les engagements de la nature envers toutes ses créations. Mais ce droit de propriété, incontestable pendant la vie, ne peut pas raisonnablement s'étendre au-delà de cette dernière. Si, d'un côté, l'homme est maître, durant sa carrière, de disposer à son gré de la part qu'il exploite ; d'un autre, la terre se prête à lui pour un temps donné et ne se vend pas pour toujours. N'est-il pas ridicule et pitoyable tout ensemble de voir un être entièrement à la disposition de cette terre, soit avant sa naissance, soit pendant sa vie, soit après sa mort, car c'est elle qui le fait éclore, qui l'alimente et l'entretient, et qui lui retire ensuite ses substances élémentaires quand il lui plaît, s'arroger néanmoins l'orgueilleux pouvoir de disposer au contraire d'elle-même, après être rentré dans ses entrailles? Ne devrait-il pas, s'il n'était aveuglé par sa petitesse et la bouffonnerie de ses prétentions, s'en considérer bien plutôt le fermier que le propriétaire? Quelle injustice, d'ailleurs, ne fait pas commettre à cette terre nourricière l'individu qui, sans s'inquiéter de son consentement, la livre ainsi en despote aux objets survivants de ses affections! Il la contraint au privilége, à traiter les uns mieux que les autres, à faire des favoris, à jouer enfin le rôle de marâtre, elle qui est la mère commune et qui doit dispenser également ses faveurs.

Ainsi donc, l'homme qui arrive à la vie porte un brevet d'exploitation avec son extrait de naissance. Il le fait valoir tout le temps qu'il lui est permis de conserver cette vie. Mais n'est-il pas absurde de vouloir qu'il puisse, lorsqu'il meurt, donner ce qui ne lui appartient pas d'abord, et puis le donner à un être aussi fragile que lui, qui, se trouvant tout à fait à la merci de l'objet qu'on lui lègue, expire quelquefois par son ordre aussitôt après le testateur? Non, encore un coup, l'homme n'a pas plus le pouvoir de transmettre, à son décès, les droits provisoires que la terre lui donna sur elle pendant sa vie, qu'il n'a celui de disposer, avant sa désorganisation, de ses avantages physiques ou de ses facultés morales, qui, sans contredit, étaient cependant ses propriétés le moins contestables. Toutes ces choses lui sont prêtées momentanément. Il est libre d'en jouir tant que dure son existence, comme aussi de faire usage de tout ce qui peut aider et améliorer cette dernière : mais avec lui expirent tous ses droits : la terre alors a rempli tous ses engagements. Elle ne lui doit plus rien ; au contraire, elle revendique ses frais, et s'empare des dépouilles qui restent comme compensation.

Vous parlez constamment de la terre, me dira-t-on, comme s'il n'existait pas des propriétés d'une autre nature, et comme si elle était le seul legs à faire. Cependant, la fortune réside très-souvent ailleurs que dans le sol et les immeubles qu'il supporte. Combien d'objets différents de richesse ne produit point l'industrie humaine !

Oui, sans doute, c'est toujours de la terre que je m'occupe ; et c'est pour m'éviter la peine d'entrer dans d'innombrables et inutiles détails. N'est-ce pas elle, en effet, qui est le principe de tout ? Et saurait-on traiter de l'entier, sans traiter en même temps de ses diverses parties ? Si les sciences, les arts et les métiers ont la pensée pour moteur commun, leurs résultats palpables peuvent-ils jamais provenir d'autre part que du sol ? N'est-ce pas là l'immense et inépuisable arsenal où chacun trouve et exploite la matière de son choix? Encore une fois, tout, absolument tout, depuis la pierre et le brin d'herbe jusques au chef des êtres inclusivement, vient de la terre, lui appartient, et s'en retourne à elle, après avoir rempli une sorte d'existence isolée plus ou moins étendue. Or, pour que l'homme, qui se trouve dépendant de cette éternelle transformation, eût le droit de disposer de quelque chose à sa mort, ne faudrait-il pas qu'il en fût véritablement propriétaire? Et comment saurait-il posséder un objet quelconque qui ne dût son origine à la terre? On en serait réduit à supposer qu'il le tient de quelque autre planète.

C'est donc avec juste raison que je voudrais que le sol, au lieu d'être, comme aujourd'hui, la propriété de quelques membres du corps social, devînt la propriété de tous.

Mais, ce n'est point par une loi qui enlevât brusquement à chacun le droit de propriété que je croirais convenable de nationaliser le sol. Une telle manière de procéder serait en même temps imprudente et barbare.

Quelle résistance, en effet, ne présenteraient pas d'abord les grands et moyens propriétaires, s'ils se voyaient attaqués ainsi directement et tous à la fois? Leur influence est puissante; et certainement, ils ne manqueraient pas de s'en servir, pour soulever contre une réforme qui leur serait si fatale, et qu'ils auraient soin de représenter comme une simple spoliation, la foule des malheureux qui les environne. Et ceux-ci, entièrement dépourvus d'instruction, et, par conséquent, hors d'état de comprendre que c'est leur propre sort qu'il s'agit d'améliorer, et que c'est contre eux-mêmes qu'on les excite à se révolter, n'hésiteraient pas à croire leurs maîtres et à leur obéir, accoutumés qu'ils sont, de père en fils, à exécuter aveuglément les ordres de l'homme à la merci duquel les place constamment leur misère.

Mais, ensuite, quelle opposition bien plus terrible ne rencontrerait-on pas chez tous ces petits propriétaires qui, sans posséder suffisamment de quoi vivre, même après les plus rudes labeurs, sont néanmoins si fortement attachés à leur misérable lopin de terre qu'ils consentiraient mille fois à mourir avant que de s'en séparer? Ne pouvant avoir aucune confiance dans un nouveau système organisateur, dont leur esprit, à peu près inculte, ne saurait concevoir théoriquement, c'est-à-dire par avance, ni la générosité, ni les garanties, et n'en voulant pas toutefois risquer l'application qui, seule, pourrait les convaincre de son excellence, ils préféreraient rester constamment pauvres, en continuant à bêcher leur stérile champ exposé, en outre, à toute espèce de sinistres, plutôt que de s'en dessaisir, pour passer spontanément dans un état de bien-être insolite, dont ils seraient portés à considérer la promesse comme un moyen d'escroquerie, ou

tout au moins comme une fable. Le menu propriétaire est de l'avis du sententieux Sancho,
qui prétendait *qu'un bon tiens vaut mieux que cent
tu l'auras*.

Il est à présumer sans doute qu'en dernière
analyse, les masses prolétaires, supérieures en
nombre et en forces, resteraient maîtresses du
champ de bataille, et pourraient, par conséquent,
dicter la loi, comme elles l'entendraient. J'avoue,
même, que la justice de leurs projets viendrait
sanctionner le droit que leur donneraient et leur
majorité et leur position victorieuse. Mais, pourquoi ne pas épargner des chances si cruelles, des
luttes si sanglantes, des scènes si abominables
de guerre civile, s'il existe un moyen de tout
concilier, et d'amener pourtant le résultat proposé ?

En admettant même que l'intimidation dût
empêcher la résistance, et, partant, prévenir
tant de malheurs, ne serait-il donc pas bien
affligeant de songer qu'une partie considérable
de la génération, contrainte violemment par l'autre d'abandonner tout à coup ses mœurs et ses
habitudes, gémit sous un nouveau genre de vie,
auquel ni son éducation ni son âge ne lui per-
mettraient de se façonner? La présence de ces
infortunés, devenus parias à leur tour, par une
réduction, légitime sans doute, mais trop rapide,
ne troublerait-elle pas la félicité générale? Et
pour eux, et pour le corps social tout entier, il

eût mieux valu peut-être, il eût été moins cruel de leur enlever l'existence, que de les priver des moyens de continuer à la passer ainsi qu'ils l'avaient fait jusqu'alors.

C'est d'après ces principales considérations, que je croirais d'une part téméraire, et de l'autre inhumain de tenter la nationalisation du sol par une loi qui, ne reconnaissant d'autres intérêts que ceux des vainqueurs qui l'auraient fabriquée, devînt d'une obligation soudaine pour les vaincus.

Aussi, est-ce mon opinion que ce serait au contraire par une mesure de transition qui, en améliorant progressivement la condition des masses prolétaires, ne détruisît pas, de prime abord et de fond en comble, celle des véritables privilégiés existant, et de ceux qui ont la simplicité de se regarder comme tels, quoique l'exiguité de leur propriété dût les faire se ranger bien plutôt parmi les victimes que parmi les favoris de la fortune, qu'il faudrait accomplir cette partie si épineuse de la réforme, indispensable d'ailleurs pour arriver au but de l'Égalité sociale. Je veux parler de l'abolition de l'hérédité.

Déjà, quelques atteintes plus ou moins directes ont été portées à l'hérédité ; et, lorsque, en 1831, particulièrement, celle de la pairie reçut son coup de grâce, toutes les autres en furent ébranlées. En laissant subsister le droit de succession à la couronne, ainsi que celui de famille, on commit une de ces anomalies qui prouvent ou que l'esprit humain est trop borné pour pouvoir embrasser à la fois toutes les conséquences, ou que, s'il a la faculté de les apercevoir de loin, il n'ose les aborder que graduellement.

En effet, la couronne et la fortune ne sont pas des objets qui puissent être plus légitimement transmis que le titre et le manteau de pair, la couronne surtout qui n'appartient pas à celui qui la donne. Ou bien il fallait abolir toutes les sortes de successions, ou bien il fallait les épargner toutes; c'eût été plus rationnel.

Je pense donc qu'on serait en droit de nationaliser la propriété, et qu'on y réussirait, sinon d'une manière aussi prompte, du moins d'une façon et plus sûre et plus humaine, par une loi à effet progressif, qui déclarerait, par exemple, que tout individu naissant après tel ou telle époque (et, pour ne pas perdre de temps, on pourrait fixer cette époque au jour même de la promulgation dans toutes les localités du territoire) ne serait plus apte à hériter.

Ainsi, la Nation, devenant insensiblement propriétaire par le décès de jouisseurs actuels et de leurs successeurs maintenants vivants, pourrait commencer d'améliorer la condition des masses prolétaires, sans bouleverser celle des premiers, et en attendant l'époque où les générations actuellement existantes ayant entièrement disparu, c'est-à-dire dans un demi-siècle à peu près, elle se trouverait alors unique propriétaire, et pourrait faire de plus justes et de plus larges répartitions.

Par un semblable mode, il n'y aurait ni trouble, ni changement pour les intéressés au *statu quo*. D'un côté, on ne frapperait personne, puisqu'on ne frapperait que des êtres qui ne vivraient pas encore, qui, par conséquent, n'auraient pas été accoutumés à l'hérédité et dont l'existence se trouverait d'ailleurs garantie aussitôt après la naissance ; d'un autre côté, la classe propriétaire actuelle et celle des héritiers vivants continueraient à jouir jusqu'à la mort.

Mais, en voulant détruire le droit si antique de l'hérédité, vous ne songez donc pas, s'écriera-t-on de tous les points, aux conséquences terribles d'un pareil acte. Vous ne réfléchissez pas qu'avec lui disparaîtraient à l'instant l'activité et l'émulation de l'homme, qui ne se fatigue d'ordinaire que pour préparer un sort à sa famille ; que, par conséquent, vous porteriez atteinte au lien sacré du mariage, et affaibliriez enfin le sentiment sublime de la paternité.

Il n'est pas difficile de réfuter ces objections qui ne sont graves qu'en apparence. Je répondrai d'abord à la première : que l'abolition de l'hérédité n'empêcherait point l'homme de devenir propriétaire de certains objets, comme on le verra tout à l'heure, mais qu'elle l'empêcherait seulement de se trouver possesseur en naissant,

par tradition, d'une part supérieure à celle de
ses co-sociétaires, et de rester paresseux ou de
devenir aristocrate.

Or, l'homme ayant alors, comme aujourd'hui,
la faculté de devenir propriétaire de tout, ex-
cepté du sol, au moyen de son intelligence et de
son travail, il y a toute apparence qu'on le verrait aussi actif et aussi ambitieux qu'il l'est à
présent, si ce n'est davantage. Car, c'est une
erreur de croire que c'est uniquement pour
laisser une fortune à ses fils qu'il se donne, de
nos jours, tant de peine ; la plupart des avares
sont célibataires. Le besoin inné de l'occupation,
sans laquelle l'existence ne serait qu'un long
ennui, le désir insatiable du mieux être personnel, et l'amour-propre de prouver jusqu'à quel
point il pouvait tirer parti, plus que les autres,
de son intelligence, de son adresse, entrent pour
beaucoup dans ses travaux, s'ils n'en sont les
principaux mobiles. Au lieu de doter sa famille,
il pourrait doter la société entière ; et certes,
pour la satisfaction obscure qu'il aurait éprouvée
en laissant le résultat de sa laborieuse carrière à
des héritiers, la plupart du temps ingrats et dis-
sipateurs, il aurait la gloire impérissable d'avoir
mené la vie d'un grand citoyen, en exerçant pé-
niblement ses talents dans le seul but d'en faire
profiter le corps social. Certainement il s'estime-
rait par là bien amplement dédommagé de la
triste douceur que goûte maintenant le moribond,

en testant pour d'avides héritiers, qui comptent avec impatience les minutes qui lui restent encore à vivre et les séparent du trésor, et qui laisseront périr sa mémoire sans lui avoir la moindre reconnaissance de ce qu'il aura fait pour eux, comme s'ils jugeaient que ce fût une chose d'obligation. Ne faisant plus d'ingrats, de paresseux, ni de débauchés, car la fortune qui arrive par succession dispense du travail et engendre ordinairement l'aristocratie d'une part, et la domesticité par opposition de l'autre, son décès amènerait deux heureux résultats à la fois, le premier de ne plus concourir à maintenir et à propager les vices, le second de présenter une nuance d'amélioration à la société.

Ces motifs suffiraient, sans doute, à lui donner de l'émulation, quand bien même sa nature et son intérêt individuel n'y pourvoiraient pas ; et, l'idée que ses enfants ne profiteraient pas particulièrement du fruit de ses travaux ne l'engagerait pas, j'imagine, à les négliger, surtout lorsqu'il réfléchirait que le corps social, qui en profiterait, leur assure déjà l'existence, l'éducation et tous les moyens d'exercer leur industrie ; et que, en dernière analyse, il leur en reviendra toujours quelque chose, ne fût-ce que l'exemple d'une carrière bien fournie. Je ne dis rien de l'appât séduisant qu'offrent à toutes les âmes l'idée d'une statue dans l'avenir, la perspective d'un laurier qui semble prendre la forme d'une couronne, l'odeur anticipée d'un grain d'encens brûlé sur une tombe, le bruit lointain d'un char de triomphe qui se dirige vers le temple de la Bienfaisance, où un nom peut être gravé sur des tables immortelles ; et, cependant, combien d'hommes trouveraient là seulement des motifs suffisants d'activité et d'émulation !

En résumé, chacun, devant avoir son existence strictement garantie, mais étant libre et possédant tous les moyens d'augmenter indéfiniment son bien-être, ne devrait-il pas recourir au travail, afin d'y parvenir ? Et, pour tirer plus de profit de ce travail, ne faudrait-il pas nécessairement qu'il s'évertuât à le distinguer par le fini de l'exécution ?

L'abolition de l'hérédité ne nuirait donc en rien à l'activité et à l'émulation humaines.

J'avoue qu'il n'en serait pas ainsi à l'égard du mariage ; mais quel grand mal y aurait-il donc à voir ce joug rompu ? Qu'est-ce après tout que le mariage ? Une institution que la société, trop mal organisée pour pouvoir suffire aux besoins de chacun de ses membres, a fondée dans l'unique intention de garantir l'existence des enfants. Et c'est la responsabilité qui pèse sur les pères, qui devient presque toujours chez eux la cause des vices et des passions basses auxquels sont en proie la plupart des hommes mariés, tels que l'égoïsme, la fourberie, l'indélicatesse, en un mot l'envie déréglée de la propriété.

Mais, dans un corps social bien régi, qui assurerait l'existence, non-seulement aux enfants, mais aux parents eux-mêmes, le mariage, environné de tant de respect aujourd'hui, et avec juste raison, puisqu'il est l'unique sauve-garde des familles, ne deviendrait-il pas un lien au moins inutile, s'il n'était tyrannique? Au reste, comme tous les rites et toutes les cérémonies seraient tolérés, et qu'on ne ferait rien pour les détruire, les partisans fidèles du mariage seraient libres de recourir à son contrat méconnu de la loi; mais que tout le monde y renonçât ou non, le corps social n'en recevrait pas la plus légère influence.

Quant à la troisième objection, c'est-à-dire à l'atteinte que l'abolition de l'hérédité porterait au sentiment précieux de la paternité, elle me semble entièrement dépourvue de fondement.

On n'a pas besoin d'être propriétaire et marié devant l'officier civil et le prêtre, pour avoir des entrailles de père. Ce n'est ni l'acte de la mairie, ni les simagrées de l'église qui enseignent l'amour de famille : c'est la nature seule qui fait parler le sang. Or, le sentiment de la paternité, qui resterait par conséquent inattaquable, restreint à se manifester pendant la vie seulement, puisque la loi ne lui permettrait plus aucun témoignage de sa sincérité après la mort, n'en deviendrait que beaucoup plus vif. En outre, l'intérêt des vivants, toute idée de piété, quelque louable qu'elle soit d'ailleurs, mise à part, ne doit-il pas l'emporter sur la volonté despotique des morts? Enfin, si quelques pères injustes expiraient avec la ridicule douleur de ne pas laisser du superflu, et par cela même des vices à leurs enfants, des millions d'autres ne trépasseraient plus avec le désespoir d'abandonner les leurs privés du nécessaire.

La non-hérédité, réunissant aux avantages de rendre la Nation, insensiblement et pour toujours, unique propriétaire du sol, c'est-à-dire d'assurer l'avenir des générations postérieures, sans déplacer aucune condition actuelle, sans blesser aucun intérêt présent, sans froisser aucun des nobles sentiments humains, ceux d'apporter de prompts soulagements aux classes prolétaires du moment, d'égaliser presque entièrement les fortunes au bout d'un demi-siècle, de leur conserver ensuite, à peu de chose près, leur niveau, et d'empêcher enfin à jamais le retour de l'aristocratie une fois éteinte (car il importerait peu que tel homme amoncelât des millions durant sa carrière, puisque la Nation devrait en hériter, et que le fils, au lieu de recevoir une destinée toute prête des mains de ses pères, serait obligé de se la faire à son tour); la non-hérédité, dis-je, me semblerait donc le plus doux comme le plus infaillible moyen d'opérer la nationalisation du sol, cette condition si essentielle de la réforme, que, sans elle, ainsi que je l'ai déjà fait observer, l'Égalité sociale resterait constamment un vain mot.

Mais, en attendant cette époque fortunée, où, par l'effet de l'abolition de l'hérédité, la Nation serait devenue unique propriétaire du sol, je voudrais qu'une loi provisoire lui décernât spontanément, et d'une manière exclusive, la jouissance et l'exploitation de toutes les écoles, de tous les monuments, de toutes les fabriques, de toutes les manufactures, de tous les ateliers, de tous les bois, de toutes les eaux, de toutes les routes, de tous les modes de transport; que la Nation seule eût désormais le droit de fonder, entretenir et exploiter tout ce qui sert actuellement aux divers genres d'industries particulières; qu'enfin toutes les propriétés suivantes fussent reconnues propriétés nationales, sauf indemnité.

PROPRIÉTÉS DE LA NATION

FONDÉES, EXPLOITÉES ET ENTRETENUES PAR ELLE

Abattoirs.	Bains.	Bois.
Académies.	Bals.	Boucheries.
Amidonneries.	Bandages.	Boulangeries.
Archives.	Bateaux.	Bourelleries.
Armes.	Bazars.	Boutonneries.
Arsenaux.	Beurreries.	Brasseries.
Artifices.	Bijouteries.	Briqueteries.
Ateliers.	Bimbeloteries.	Brochures.

Broderies.
Brosseries.
Buanderies.
Bûchers.
Cafés.
Canaux.
Carrières.
Carrosseries.
Chandelleries.
Chantiers.
Chapelleries.
Charcuteries.
Charpente.
Charronnage.
Chaudronneries.
Chaux.
Chemins de fer.
Chocolat.
Clouteries
Coiffures.
Colle.
Confiseries.
Corderies.
Corroyeurs.
Costumes.
Couleurs.
Coutelleries.
Cristaux.
Cuisines.
Distilleries.
Eaux.
Ebénisteries.
Ecoles.
Ecuries.
Empaillage.
Entrepôts.
Equarrissage.
Etables.
Faïence.
Faux.

Feutreries.
Filatures.
Fleurs.
Fonderies.
Forêts.
Forges.
Fourneaux.
Fours.
Fruitiers.
Gaz.
Glaces.
Glacières.
Granges.
Gravures.
Greniers.
Habillements.
Halles.
Haras.
Horlogeries.
Hospices.
Huileries.
Imprimeries.
Instruments.
Joailleries.
Laiteries.
Lampistes.
Lapidaires.
Layetiers.
Lingeries.
Lithographies.
Lunettes.
Luthiers.
Machines.
Magnaneries.
Maisons de santé.
Marbreries.
Marchés.
Matelassiers.
Mégisseries.
Menuiseries.

Métaux ouvrés.
Miroitiers.
Modes.
Monnaies.
Monuments.
Moulins.
Musées.
Navires.
Observatoires.
Optiques.
Orfévreries.
Orthopédie.
Papeteries.
Parasoliers.
Passementeries.
Pâtisseries.
Pelleteries.
Pépinières.
Pharmacies.
Photographies.
Plaqué.
Plâtre.
Plumassiers.
Poêles
Poligones.
Pompes.
Porcelaines.
Postes.
Poteries.
Poudrières.
Pressoirs.
Produits chimiques.
Produits du sol.
Promenades.
Quincailleries.
Raffineries.
Reliures.
Rémoulages.
Rempaillage.
Restaurants.

Routes.	Tanneries.	Tourneurs.
Salines.	Tapis.	Treillageurs.
Salpêtrières.	Tapisseries.	Usines.
Savonneries.	Teintureries.	Vanniers.
Scieries.	Théâtres.	Vermicelleries.
Sucreries.	Thermes.	Vernis.
Tabacs.	Tissanderies.	Verreries.
Taillanderies.	Tonneliers.	Vinaigreries.

Je voudrais que tous les citoyens employés dans ces diverses branches d'industrie, qu'ils exploitent aujourd'hui à leur compte, devinssent fonctionnaires de l'État. Ils prouveraient, par la production de leurs livres, les quotités auxquelles s'élèvent leurs exploitations respectives, ainsi que les bénéfices qu'ils réalisent en moyenne; et l'État, en se substituant à eux, et en les conservant comme ses agents, leur assurerait des émoluments en rapport avec ces bénéfices et leurs travaux futurs.

Je voudrais enfin que la Nation s'emparât immédiatement de tous les biens de la Couronne, de ses vastes et nombreux domaines, de tous les apanages princiers, de tous les biens de l'État, ainsi que de toutes les propriétés des citoyens qui, n'ayant pas d'héritiers directs et au premier degré, seraient morts en ennemis pendant l'action révolutionnaire; qu'elle se déclarât propriétaire de celles de tous les émigrés qui se trouveraient dans la même condition de famille.

Voilà pour la partie du deuxième article de la Constitution qui concerne la nationalisation du sol! Passons maintenant à celle qui a rapport à la garantie d'existence, d'éducation et de travail qui se trouve également consignée dans cet article, c'est-à-dire aux principaux moyens d'exécution et d'administration secondaire par lesquels je prétendrais opérer la répartition, de manière à ce que ce fussent bien les masses, ou plutôt tous les membres du corps social, qui profitassent des bienfaits de ce nouveau mode organisateur ! Afin de faire mieux comprendre l'application de ces moyens, je les présenterai sous forme de lois ; je prendrai l'homme à sa naissance, et je développerai les institutions sociales, au fur et à mesure qu'il s'élèvera dans la vie, et manifestera de nouveaux besoins.

CHAPITRE VI

Je voudrais que l'Assemblée Représentative, connaissant toujours d'une manière précise, au moyen des tableaux de statistique les plus minutieux, les ressources présentes du corps social, fixât annuellement une somme de nourriture et d'entretien à chaque citoyen ; que cette somme, en rapport avec les besoins des différents âges, ne dispensât point du travail, tant que le défaut d'inventions mécaniques rendrait celui de l'homme nécessaire ; qu'enfin il y eût, à ce sujet, une loi semblable à la suivante, sauf l'augmentation que les chiffres devaient indéfiniment subir, par suite de l'accroissement incessant de la fortune nationale.

DROIT D'EXISTENCE

Attendu que la Nation, étant organisée d'après les bases indiquées dans la Constitution, n'aura plus à aumôner ni empereur, ni roi, ni président,

ni princes, ni cour, ni camarilla, ni garde préto-
rienne, ni valetaille dorée ; qu'elle n'aura plus à
sustenter ni hauts dignitaires, ni brillants siné-
curistes, ni police secrète, ni absurdes corps di-
plomatiques, ni casernes, ni cultes, ni magistrature, ni bagnes, ni prisons ; qu'elle n'aura plus
enfin à entretenir aucun de ces chancres qui dévorent le plus pur du sang des Peuples rangés
sous le gouvernement aristocratique ;

Attendu que, par la jouissance immédiate des
biens de la couronne, des vastes et nombreux
domaines, des douaires et des apanages princiers, des immeubles appelés aujourd'hui nationaux ; que, par la confiscation des propriétés des
citoyens morts en ennemis pendant l'action révolutionnaire, et de celles de tous les fuyards en
pays étrangers ; qu'enfin, par l'extinction journa-
lière des jouisseurs actuels, la Nation acquerra
promptement d'immenses trésors que des mains
avares, insouciantes, malhabiles ou ennemies re-
tenaient entassés et improductifs en dehors de la
circulation ;

Attendu que, par une meilleure, plus savante
et entière exploitation de son sol, la Nation en
décuplera les produits ;

Attendu que, par l'emploi des machines dont
le nombre ira toujours croissant, et simultanément, par le travail de chacun des membres du
corps social, travail qui ne devra diminuer et enfin cesser qu'au fur et à mesure que l'invention

viendra substituer la matière morte à la main humaine, la Nation se trouvera posséder de riches excédants en objets d'industrie de toute nature, objets qui, livrés au commerce d'exportation, rendront d'incalculables bénéfices ;

Attendu que la Nation profitera incessamment des biens que chaque citoyen abandonnera à sa mort ;

Attendu que, faisant ses affaires elle-même, agissant constamment avec une intelligente économie, gérant ses finances avec une lucrative sagesse, et favorisant surtout le progrès mécanique, la Nation devra nécessairement posséder bientôt des ressources de beaucoup supérieures aux besoins de sa population, quelque élevé qu'on puisse raisonnablement en supposer le chiffre :

ARTICLE PREMIER. — Il est alloué à chaque membre du corps social (sans distinction de sexe) une somme de nourriture et d'entretien, dite Droit d'Existence.

Cette somme, payable en numéraire, ou en toute autre manière d'échange adoptée par la Nation, est soldée mensuellement, c'est-à-dire par douzièmes, par toutes les caisses éternelles de la Nation, sur un coupon délivré par l'officier municipal.

ART. 2. — Du moment de son inscription sur le registre de l'État civil, inscription qui doit avoir lieu dans les premières vingt-quatre heures qui suivent la naissance, l'enfant, reconnu Français, jouit, jusqu'à l'âge de trois ans, d'un droit annuel d'existence de deux cents francs.

Art. 3. — Si l'enfant n'est point élevé par les parents ou leurs représentants, et s'il est par conséquent placé dans un Établissement Nourricier, son droit d'existence cesse, pendant tout le temps qu'il reste dans cet établissement, la Nation satisfaisant à tous les frais.

Art. 4. — Depuis l'âge de trois ans jusqu'à celui de sept inclusivement, le droit d'existence est porté à deux cent cinquante francs.

Art. 5. — Si l'enfant n'est point élevé par ses parents ou leurs représentants, depuis l'âge de trois ans jusqu'à celui de sept inclusivement, c'est-à-dire s'il est placé dans un Établissement d'Adultes, son droit d'existence cesse, la Nation satisfaisant à tous les frais.

Art. 6. — Depuis l'âge de sept ans, époque de l'entrée de l'enfant dans l'école humanitaire de la commune ou de quatrième degré, jusqu'au moment où l'enfant sortira de celle où son intelligence se sera arrêtée, pour commencer à exercer sa spécialité dans le corps social, c'est-à-dire à devenir fonctionnaire de l'État, le droit d'existence demeure suspendu, la Nation satisfaisant, pendant ce temps, à tous les frais d'entretien et d'éducation.

Art. 7. — Du moment de la sortie de l'école à laquelle son intelligence s'est arrêtée, et de son

entrée dans le corps social pour y exercer sa spécialité, l'enfant, quel que soit son âge, reprend
son droit d'existence.

ART. 8. — Depuis la naissance jusqu'à l'âge
de vingt ans, le droit d'existence, dans le cas où
il doit être payé, est payé aux parents ou à leurs
représentants.

ART. 9. — Depuis l'époque de l'entrée dans le
corps social jusqu'à l'âge de trente ans, le droit
d'existence est de trois cent cinquante francs.

ART. 10. — Depuis l'âge de trente ans jusqu'à
celui de cinquante, le droit d'existence est de
quatre cents francs.

ART. 11. — Depuis l'âge de cinquante ans
jusqu'à la mort, le droit d'existence est de cinq
cents francs.

ART. 12. — On ne peut jouir du droit d'existence qu'en habitant le territoire National, à
moins qu'on ne soit fonctionnaire de la Nation
en pays étranger. (Les chiffres fixés ici, ne le sont
que pour donner un exemple de proportions,
puisque le Droit d'Existence doit croître sans
cesse.)

———

Voilà pour la partie du second article de la
Constitution qui est relative à ce droit sacré
d'existence ! Passons à celle qui concerne le droit
d'éducation !

DROIT D'ÉDUCATION

Je voudrais que la Nation, toujours soucieuse du sort de chacun de ses membres, en garantissant à tous l'existence matérielle, leur garantît aussi l'éducation et l'instruction, à partir du berceau jusqu'à l'âge où l'intelligence viendrait à fléchir dans une école quelconque, et que, à cet effet, elle décrétât la fondation des établissements suivants.

ÉTABLISSEMENTS NOURRICIERS

Attendu que l'absence, la maladie, la nature des fonctions, l'ignorance des soins exigés par le bas-âge, et d'autres causes encore qu'il est impossible de prévoir et d'énumérer, et en tête desquelles on doit placer la mort, peuvent empêcher les parents, ou, en cas de décès de leur part, leurs représentants, d'élever eux-mêmes leurs enfants ;

Attendu que l'enfant, surtout orphelin, doit toujours trouver une mère tendre et attentive dans la Nation, dont il est, en espérance, un des membres :

ARTICLE PREMIER. — Il est créé, dans chaque chef-lieu d'arrondissement, un établissement Nourricier consacré à l'éducation des nouveau-nés, que leurs parents ou leurs représentants ne veulent ou ne peuvent point élever chez eux.

Art. 2. — L'enfant peut entrer, dès son inscription sur le registre de l'État civil, dans l'Établissement Nourricier. Il en sort à l'âge de trois ans.

Art. 3. — L'administration et l'inspection de l'Établissement Nourricier appartiennent aux médecins et aux femmes.

Art. 4. — L'Établissement Nourricier est toujours ouvert aux parents ou à leurs représentants.

***

ÉTABLISSEMENTS DES ADULTES

Attendu que les mêmes causes qui peuvent empêcher les parents, et, en cas de décès de leur part, leurs représentants, d'élever eux-mêmes leurs enfants, depuis le jour de l'inscription de ces derniers sur le registre de l'État civil jusqu'à l'âge de trois ans, peuvent encore les empêcher de les élever depuis l'époque de la sortie de l'Établissement Nourricier jusqu'à l'âge de sept ans :

Article premier. — Il est créé dans chaque chef-lieu de département un Établissement dit des Adultes, consacré à l'éducation des enfants que leurs parents ou leurs représentants ne peuvent ou ne veulent point élever chez eux, de l'âge de trois ans à celui de sept.

Art. 2. — L'enfant ne peut être reçu dans l'Établissement des Adultes avant l'âge de trois ans révolus. Il n'y peut rester que jusqu'à celui de sept.

Art. 3. — L'administration et l'inspection de cet établissement appartiennent, ainsi que celles des Etablissements Nourriciers, aux médecins et aux femmes.

Art. 4. — L'adulte reçoit des leçons orales de Catéchisme Social, c'est-à-dire des notions générales de sociabilité, de pudeur, d'indépendance et de dignité civique.

Art. 5. — L'Établissement est toujours ouvert aux parents ou à leurs représentants, à l'exception des heures auxquelles les enfants reçoivent leurs leçons.

ENTRÉE DANS LES ÉCOLES

Tout enfant parvenu à l'âge de sept ans, soit qu'il ait été élevé par ses parents ou par leurs représentants, soit qu'il l'ait été dans les Établissements Nourriciers et les Établissements d'Adultes de la Nation, est tenu d'entrer dans les écoles.

INSTRUCTION

Attendu que l'instruction est un des trois agents infaillibles et indispensables de l'Égalité sociale, en ce sens qu'elle place spontanément sur la même ligne les individus, quels qu'ils soient, pourvu qu'il se trouve chez eux une parité plus ou moins parfaite dans les qualités intellectuelles, c'est-à-dire un certain degré de culture convenu;

Attendu que chaque membre d'un corps social, organisé d'après les lois de la nature et de l'équité, a droit d'exiger qu'on le mette, autant que le permettent les ressources morales et physiques de son individu, au niveau de tout ce qui se passe en idées et en œuvres matérielles dans son corps social, et qu'on le rende capable d'y vivre le plus heureux possible, au moyen de son travail intellectuel ou manuel :

ARTICLE PREMIER. — L'instruction est donnée aux frais de la Nation.

ART. 2. — L'instruction est obligatoire

ENSEIGNEMENT

Attendu que toute éducation doit avoir pour but de former des hommes sociables, c'est-à-dire de bons citoyens du pays auquel ils appartiennent, et, de plus, de les rendre propres, par avance, aux relations qu'ils sont destinés à entretenir avec leurs contemporains étrangers ;

Attendu que l'instruction qui est donnée aujourd'hui dans presque toutes les écoles consiste principalement dans l'étude de langues et de mœurs anciennes dont l'usage est totalement perdu ; qu'au lieu de former la jeunesse à vivre selon l'époque présente, le mode vicieux de l'enseignement la livre à de fatales et trompeuses occupations, et lui prépare, à son insu, le plus sinistre avenir ; qu'ainsi le double résultat attendu est tout à fait manqué ;

Attendu qu'il convient de placer, enfin, au rang qu'ils doivent occuper chez les peuples modernes ces riches idiomes qui civilisèrent, il est vrai, l'Occident, après la trop longue domination des Barbares, mais dont l'Occident pourrait se passer aujourd'hui, grâce à l'accroissement de ses propres lumières ;

Attendu que, sans vouloir laisser tomber dans un ingrat oubli ces chefs-d'œuvre respectables de l'antiquité chez lesquels nous avons puisé les nôtres, il faut, par une prudente disposition, en réserver l'étude aux jeunes gens qui doivent en faire leur spécialité, en se vouant soit au professorat, soit aux lettres, ou bien à ceux qui, ayant déjà une spécialité, voudront, par goût, dépasser les limites de l'instruction qu'elle a exigée ;

Attendu qu'il est inutile de contraindre les jeunes esprits à remonter le cours obscur des âges, pour chercher les lumières qui s'échappent par torrents dans le siècle où nous vivons ; que l'antiquité ignora presque toutes les sciences, ou vit seulement au berceau le peu qu'elle en connut, tandis que notre époque les possède toutes, que chaque jour leur fait faire un progrès, et que certaines touchent pour ainsi dire à la perfection ; qu'il est plus essentiel que les jeunes gens étudient leur propre langue et celles des Nations contemporaines qu'ils doivent fréquenter que des langues à jamais déchues et qui n'existent plus que dans les livres ;

Attendu que, si les siècles qui précédèrent le nôtre, produisirent de brillants génies dans les lettres, les armes et les arts, nous avons aussi une foule d'intelligences supérieures, de belles âmes et de sublimes natures à proposer pour modèles ; que d'ailleurs une société bien organisée, c'est-à-dire qui a pour but la paix entre tous ses membres, le bonheur particulier de chacun d'eux, et une fraternité de rapports avec tous les autres corps sociaux, doit bien plutôt chercher à se composer une postérité laborieuse et productive qu'une génération de capitaines, de poètes et d'orateurs ;

Attendu que, pour pouvoir se procurer une existence honnête et paisible dans une société quelconque, il faut d'abord s'y montrer utile, et que, pour cela, la connaissance des besoins, des ressources, des mœurs, des industries, en un mot de toutes les choses présentes, est plus essentielle que la plus profonde érudition sur l'histoire de Nations éteintes, érudition qui ne saurait subvenir à la moindre nécessité de la vie ;

Attendu, enfin, qu'Athènes n'est plus au temps de Périclès, ni Rome à celui d'Auguste ;

que la première de ces deux antiques maîtresses du monde commence à peine à sortir de ses ruines et de l'abrutissement dans lequel elle est demeurée plongée durant tant de siècles de servitude ; que la deuxième, entièrement dégénérée, et réduite à la splendeur de son ancien nom, n'est plus que le siége d'un pontife, l'atelier du sculpteur et l'étape de l'étranger curieux ; que nos descendants ne sont pas d'ailleurs destinés à aller habiter leurs murailles relevées ; qu'il s'agit, à l'heure présente, de fabriquer des hommes qui ne soient ni grecs ni latins, mais bien des hommes actuels et nationaux ;

ARTICLE PREMIER. — Le système d'enseignement adopté jusqu'à ce jour dans nos écoles est changé. Ce qui fut regardé par la routine scolastique comme la pierre fondamentale de l'éducation, n'en sera plus considéré désormais que comme une partie respective ou comme un ornement.

ART. 2. — Toutes les connaissances que doit acquérir un homme forcé de jouer un rôle utile dans son corps social, deviennent les premiers et principaux objets des travaux gradués de l'enfance.

ART. 3. — Les méthodes d'enseignement ne sont adoptées qu'en vertu d'une loi. Elles sont proposées à l'Assemblée représentative par les membres de l'Académie Suprême.

CONCOURS

Attendu que, par l'organisation nouvelle de l'enseignement, cette branche si essentielle d'administration, qu'un préjugé niais a fait néanmoins considérer jusqu'à ce jour comme une des moins importantes, et surtout des moins honorables, toutes les intelligences, ayant eu à discrétion les mêmes moyens de progresser, les supérieures doivent naturellement obtenir la préférence dans la hiérarchie des fonctions ;

Attendu qu'il est juste que chaque citoyen se trouve classé par ses facultés intellectuelles dans sa spécialité respective, puisque son intelligence seule, plus ou moins agrandie, en aura chez lui déterminé le choix ;

Attendu que, par rapport aux corps enseignants, aussi bien que par rapport aux élèves et à tous les fonctionnaires de toutes les spécialités, il importe que toute faveur soit proscrite

Attendu, enfin, qu'il convient d'abolir toute espèce de monopole dans quelque carrière que ce soit :

ARTICLE PREMIER. — Toutes les fonctions professorales d'ordre artistique, littéraire et scientifique sont obtenues par le concours.

ART. 2. — Le concours a lieu de la manière suivante, entre concurrents de la même spécialité.

Art. 3. — Les concurrents s'assemblent dans le lieu désigné par le chef du département auquel appartient la fonction qui est l'objet du concours.

Art. 4. — Les concurrents s'interrogent, tour à tour, sur toutes les parties que comporte leur spécialité, et désignent ensuite l'élu, à la pluralité des votes.

Art. 5. — Nul ne peut être ministre ou chef de département :

1° S'il n'est élevé à ce poste par l'élection des membres de l'Académie Suprême dont il doit faire partie, élection obtenue au concours ;

2° Si, après avoir été élu par ses concurrents de l'Académie Suprême, il ne réunit point les suffrages de l'Assemblée Représentative, dont il doit également faire partie.

Art. 6. — Nul ne peut être admis dans l'Académie Suprême, s'il n'est à la fois membre d'une académie des sciences, d'une académie de lettres et d'une académie d'arts.

Art. 7. — Nul ne peut être admis dans une académie de sciences, de lettres ou d'arts :

1° S'il n'a satisfait à l'examen des matières exigées à la sortie de l'école humanitaire de chef-lieu de département ou de premier degré ;

2° S'il n'a exercé le professorat ou la maîtrise pendant cinq ans ;

3° S'il n'a exercé l'inspectorat pendant cinq ans ;

4° S'il n'a produit quelque œuvre utile à la société, fait une invention dans les arts et métiers, apporté une amélioration dans les méthodes d'enseignement, amené un progrès dans les hautes sciences positives ou spéculatives.

ART. 8. — Néanmoins, les directeurs d'écoles, après quinze années d'exercice, pourront être admis dans les académies, s'ils se trouvent dans une des dernières conditions énoncées ci-dessus.

ART. 9. — Nul ne peut être inspecteur des études, s'il n'a exercé le professorat ou la maîtrise pendant dix ans, ou s'il n'a été directeur d'école pendant cinq ans.

ART. 10. — Nul ne peut être directeur d'école, s'il n'a exercé le professorat ou la maîtrise pendant cinq ans, et le censorat pendant un temps égal.

ART. 11. — Nul ne peut être censeur, s'il n'a exercé le professorat ou la maîtrise pendant cinq ans, et s'il n'a rempli les fonctions de surveillant ou de contre-maître pendant un temps égal.

ART. 12. — Nul ne peut être professeur ou maître, s'il n'a obtenu un diplôme délivré, sur examen, à la sortie des cours des écoles spéciales ou normales respectives.

ART. 13. — Nul ne peut être surveillant ou contre-maître, s'il n'a obtenu, pour la première de ces fonctions, le brevet délivré, sur examen, à la fin des cours de l'école humanitaire de chef-lieu d'arrondissement ou de deuxième degré, et, pour la seconde, le brevet délivré également sur examen, à la fin des cours d'une école spéciale d'arts et métiers de premier degré.

ART. 14. — Si l'élection ne pouvait avoir lieu par rapport au ministre, à cause de la mésintelligence des membres de l'Académie Suprême, ses concurrents, l'Assemblée Représentative qui, dans les cas ordinaires, ne fait que donner ou refuser son adhésion au choix offert par les académiciens, procéderait, dans celui-ci, à la nomination.

PERSONNEL DES ÉCOLES

ARTICLE PREMIER. — Le personnel de chaque école sera composé : 1° d'un directeur, 2° d'un censeur, 3° d'autant de professeurs que l'exigera le nombre des matières enseignées (car il y en aura au moins un pour chacune), 4° d'un économe, 5° enfin d'un nombre d'employés subalternes en rapport avec la population de l'école.

ART. 2. — Il y a dans chaque école deux maîtres surveillants, deux contre-maîtres et deux employés subalternes par vingt-cinq élèves.

MATÉRIEL DES ÉCOLES

ARTICLE PREMIER. — Chaque école a un local approprié.

Art. 2. — Sur la demande de l'économe, et le visa du directeur d'une école quelconque, l'administration du bazar de la commune dans laquelle l'école a son siége fournit meubles, linges, vestiaire, chaussures, vivres, enfin provisions et objets d'étude de toute nature.

DISCIPLINE DES ÉCOLES

Article premier. — Tous les élèves sont internes.

Art. 2. — Toutes les écoles sont ouvertes chaque jour aux parents ou à leurs représentant, à des heures fixes.

Art. 3. — Les heures des travaux, celle des récréations et les jours de congé sont réglés par un programme particulier à chaque école.

Art. 4. — Il n'y a point de vacances.

Art. 5. — Aucun élève ne peut passer d'une école dans une autre de degré supérieur, sans un certificat du directeur de celle qu'il quitte, attestant qu'il a satisfait à l'examen subi à la fin des cours.

ÉCOLES

Article premier. — Toutes les écoles sont fondées et entretenues par la Nation.

Art. 2. — Elles sont établies, selon les be-

soins, sur les divers points du territoire, et éche-
lonnées de telle façon que l'enfant peut y recevoir tout le développement dont il est susceptible.

Art. 3. — Au lieu d'être, comme jadis, de funestes établissements où l'ignorance, la mauvaise
foi et le pédantisme travaillaient à tuer l'intelligence, fausser l'esprit, paralyser l'instinct de
sociabilité, les écoles doivent être considérées
désormais comme des sanctuaires de civilisation,
des usines sacrées où la lumière et l'amour fa-
briquent de bons citoyens, c'est-à-dire des
hommes utiles les uns aux autres par une instruction relative, égaux par l'uniformité de l'éducation, frères par l'identité des intérêts.

ÉCOLES HUMANITAIRES

Article premier. — Il est établi une école
humanitaire de quatrième degré dans chaque
commune où la population peut fournir cinquante
élèves.

Art. 2. — Les communes, qui ne peuvent,
seules, avoir une école, s'associent, si elles sont
voisines, et en obtiennent une, dès qu'elles fournissent le nombre d'élèves exigé.

Art. 3. — Les communes, qui ne peuvent,
seules, avoir une école, et qui ne pourraient pas
s'associer, à cause de leur écartement respectif,

sont tenues d'envoyer leurs enfants dans les écoles des communes voisines, qui les reçoivent, sur un simple certificat du maire constatant à la fois l'état civil de l'enfant et le manque d'école dans sa commune.

Art. 4. — Il est établi une école humanitaire de troisième degré dans chaque chef-lieu de canton.

Art. 5. — Il est établi une école humanitaire de deuxième degré dans chaque chef-lieu d'arrondissement.

Art. 6. — Il est établi une école humanitaire de premier degré dans chaque chef-lieu de département.

ÉCOLES SPÉCIALES

Article premier. — Il sera établi, sur tous les points du territoire qui seront fixés, par le Pouvoir Représentatif, comme les plus opportuns, des écoles spéciales.

Art. 2. — Ces écoles prendront le titre d'Écoles Spéciales de :

1° Apprentissage ;
2° Arts et métiers du premier et du deuxième degré ;
3° Normales de premier et du deuxième degré ;
4° Aveugles ;
5° Sourds-muets ;
6° Femmes.

ÉCOLES HUMANITAIRES

—

ÉCOLE DE COMMUNE OU DE QUATRIÈME DEGRÉ

—

ARTICLE PREMIER. — Tous les enfants de la commune sont tenus d'entrer dans cette école, dès l'âge de sept ans.

ART. 2. — La durée des cours est de trois ans.

ART. 3. — Les matières enseignées sont :

    1° La lecture ;

    2° L'écriture ;

    3° Le catéchisme social, ou l'explication de la Constitution basée sur les droits naturels de l'homme ;

    4° L'arithmétique (1re partie) :

    5° La langue nationale (grammaire) ;

    6° La langue universelle (premières notions) ;

    7° L'histoire (notions générales) ;

    8° La géographie terrestre (id.) ;

    9° La musique (principes) ;

    10° Le dessin (principes) ;

    11° La gymnastique (premiers exercices) ;

    12° Les exercices militaires.

ART. 4. — L'élève qui, à la fin des cours, n'aura pu satisfaire à l'examen, qui seul peut ouvrir les portes de l'école de canton ou de troisième degré, sera tenu d'entrer dans une école d'apprentissage.

ÉCOLES HUMANITAIRES

—

ÉCOLE DE CANTON OU DE TROISIÈME DEGRÉ

—

ARTICLE PREMIER. — Aucun élève ne pourra être admis dans cette école, avant l'âge de dix ans, et sans être porteur d'un certificat attestant qu'il a satisfait à l'examen subi à la fin des cours de l'école de commune ou de quatrième degré.

ART. 2. — La durée des cours est de trois ans.

ART. 3. — Les matières enseignées sont :

    1° Le catéchisme social ;
    2° La langue nationale ;
    3° L'arithmétique (2ᵉ partie);
    4° La tenue des livres;
    5° La géométrie (1ʳᵉ partie);
    6° L'algèbre (1ʳᵉ partie) ;
    7° L'histoire moderne ;
    8° La géographie terrestre (certaines parties) ;
    9° La géographie céleste (certaines notions);
    10° La musique vocale ;
    11° La musique instrumentale ;
    12° Les langues vivantes ;
    13° La langue universelle ;
    14° Le dessin ;
    15° La gymnastique ;
    16° Les exercices militaires.

Art. 4. — L'élève qui, à la fin des cours, n'aura pu satisfaire à l'examen qui seul peut ouvrir les portes de l'école de chef-lieu d'arrondissement ou de deuxième degré, sera tenu d'entrer dans une école d'arts et métiers de deuxième degré.

ÉCOLES HUMANITAIRES

ÉCOLE DE CHEF-LIEU D'ARRONDISSEMENT OU DE DEUXIÈME DEGRÉ

Article premier. — Aucun élève ne pourra être admis dans cette école, avant l'âge de treize ans, et sans être porteur d'un certificat attestant qu'il a satisfait à l'examen subi à la fin des cours de l'école de canton ou de troisième degré.

Art. 2. — La durée des cours est de trois ans.

Art. 3. — Les matières enseignées sont :

1° Le catéchisme social ;
2° La langue nationale ;
3° La langue universelle ;
4° Les langues vivantes ;
5° La rhétorique ;
6° La géographie terrestre ;
7° La géographie céleste ;
8° L'histoire moderne ;
9° L'histoire du moyen-âge ;

10° L'arithmétique (supérieure);

11° La tenue des livres;

12° L'algèbre (2° partie);

13° La géométrie (2° partie);

14° La trigonométrie;

15° L'histoire naturelle (idées générales);

16° La chimie (théorie);

17° La physique (théorie);

18° Le dessin;

19° La musique vocale et instrumentale;

20° La gymnastique;

21° Les exercices militaires.

ART. 4. — L'élève qui, à la fin des cours, n'aura pu satisfaire à l'examen qui seul peut ouvrir les portes de l'école de chef-lieu de département ou de premier degré, sera tenu d'entrer dans une école d'arts et métiers de premier degré.

ART. 5. — Si l'élève a satisfait à l'examen, il peut entrer à son choix, dans une école spéciale ou normale de deuxième degré.

ÉCOLES HUMANITAIRES

ÉCOLE DE CHEF-LIEU DE DÉPARTEMENT OU DE PREMIER DEGRÉ

ARTICLE PREMIER. — Aucun élève ne pourra être admis dans cette école, avant l'âge de seize ans, et sans être porteur d'un certificat attestant qu'il a satisfait à l'examen subi à la fin des cours de l'école de chef-lieu d'arrondissement ou de deuxième degré.

ART. 2. — La durée des cours est de trois ans.

ART. 3. — Les matières enseignées sont :

1° Le catéchisme social;
2° La langue nationale ;
3° La langue universelle ;
4° Les langues vivantes;
5° Les langues anciennes;
6° Les littératures diverses ;
7° La rhétorique ;
8° La philosophie;
9° L'histoire ancienne ;
10° L'histoire du moyen-âge ;
11° L'histoire moderne;
12° La politique, ou science administrative ;
13° La géographie terrestre et céleste;
14° L'algèbre (haute);
15° Le calcul intégral et différentiel ;
16° La géométrie analytique et descriptive ;
17° La topographie;
18° La statique ;
19° La mécanique analytique et industrielle ;
20° L'hydraulique ;
21° La géodésie ;
22° L'astronomie ;
23° La chimie (appliquée);

24° La minéralogie;

25° L'histoire naturelle (en général ou par spécialités);

26° L'hygiène;

27° La peinture;

28° La sculpture;

29° La musique;

30° Tous les arts d'agrément;

31° La gymnastique;

32° L'exercice à feu.

Art. 4. — L'élève qui aura suivi les cours de cette école pourra entrer, à son choix, dans toutes les écoles spéciales de premier degré.

ÉCOLES D'APPRENTISSAGE

Pour les aides ou employés subalternes dans les professions qui ne peuvent avoir ni ateliers, ni fabriques, ni manufactures, et pour les aides ou employés subalternes dans . les propriétés de la Nation,

Article premier. — L'élève qui, à la fin des cours de l'école humanitaire de quatrième degré ou de celle d'arts et métiers de deuxième degré, dans laquelle il était, n'aura pu obtenir un brevet de capacité qui lui permette d'exercer sa spécialité dans le corps social, sera tenu d'entrer dans une école d'apprentissage.

Art. 2. — Aucun élève ne peut être admis

dans une école d'apprentissage ayant l'âge de dix ans,

Art. 3. — Les professions enseignées dans les écoles d'apprentissage sont celles qui ne peuvent avoir d'ateliers particuliers, qui sont déterminées par les besoins et les ressources des localités, et qui consistent dans les fonctions d'aides ou d'employés subalternes dans toutes les propriétés fondées, exploitées et entretenues par la Nation. (Voir cette nomenclature,)

Art. 4. — La durée de l'apprentissage est de trois ans.

Art. 5. — L'élève qui, à la fin des trois années d'apprentissage, aura obtenu un brevet attestant sa capacité, pourra commencer à exercer sa spécialité dans le corps social, sous le titre d'aide.

Art. 6. — Le titre de maître d'aides ne lui sera conféré qu'après trois nouvelles années de fonctions, sous le titre d'aide.

ÉCOLES D'ARTS ET MÉTIERS

DEUXIÈME DEGRÉ

Article premier. — L'élève qui, à la fin des cours de l'école de canton ou de troisième degré, n'aura point satisfait à l'examen qui seul pouvait lui ouvrir les portes de l'école de chef-lieu d'arrondissement ou de deuxième degré, sera tenu d'entrer dans une école d'arts et métiers de premier ou deuxième degré, selon le numéro qu'il aura emporté.

Art. 2. — La durée des cours des écoles d'arts et métiers de deuxième degré est de trois ans.

Art. 3. — Les arts et métiers enseignés sont, d'après les besoins et les ressources des localités, ceux de :

Amidonnier.
Bandagiste.
Bimbelotier.
Bouchonnier.
Bourrelier.
Boutonnier.
Brossier.
Chandelier.
Chapelier.
Chaudronnier.
Carrossier.
Cloutier.
Colleur.
Cordier.
Couleurs (fabricant de).
Eperonnier.
Faux (fabricant de).
Ferblantier.
Feutrier.
Gantier.

Huile (fabricant de).
Layetier.
Matelassier.
Métaux ouvrés (fabricant de).
Moutardier.
Parasolier.
Passementier.
Plumassier.
Pompes (fabricant de).
Poêles (fabricant de).
Savonnier.
Taillandier.
Teinturier.
Tisserand.
Tonnelier.
Treillageur.
Vannier.
Vinaigrier.

Art. 4. — L'élève qui, à la fin des cours de

celle de ces écoles où il sera entré, aura obtenu un brevet de capacité, pourra commencer à exercer sa spécialité dans le corps social, sous le itre de compagnon de deuxième degré.

Art. 5. — Le titre de maître de deuxième degré n'est conféré qu'après trois années de fonctions, sous le titre de compagnon.

ÉCOLES D'ARTS ET MÉTIERS

—

PREMIER DEGRÉ

—

Article premier. — L'élève qui, à la fin des cours de l'école de chef-lieu d'arrondissement ou de deuxième degré, n'aura point satisfait à l'examen qui seul pouvait lui ouvrir les portes de l'école de chef-lieu de département ou de premier degré, sera tenu d'entrer dans une école d'arts et métiers de premier degré.

Art. 2. — La durée des cours des écoles d'arts et métiers de premier degré est de trois ans.

Art. 3. — Les arts et métiers enseignés sont, d'après les besoins et les ressources des localités ceux de :

Agriculteur.

Armurier.

Artificier.

Batteur d'or.

Bijoutier.
Chocolatier.
Coiffeur.
Costumier.
Coutelier.
Cristaux (fabricant de).
Cuisinier.
Ebéniste.
Empailleur.
Faïence (fabricant de).
Ferronnier.
Fleuriste.
Glaces (fabricant de).
Graveur.
Habillements (fabricant de).
Horloger.
Instruments de mathématiques (fab. de).
Joaillier.
Lampiste.
Lapidaire.
Linger.
Lunetier.
Luthier.
Machiniste.
Mégissier.
Menuisier.
Miroitier.
Modiste.
Monnayeur.
Opticien.
Orfèvre.
Pelletier.
Plaqué (fabricant de).
Porcelaine (id.)
Potier.
Produits chimiques (fabricant de).
Quincaillier.
Sellier.
Tapissier.
Tourneur.
Verrier.

Art. 4. — L'élève qui, à la fin des cours de cette école, aura obtenu un brevet de capacité, pourra commencer à exercer sa spécialité dans le corps social, sous le titre de compagnon de premier degré.

Art. 5. — Le titre de maître de premier degré n'est conféré qu'après trois ans de fonctions, sous le titre de compagnon de premier degré.

ÉCOLES SPÉCIALES OU NORMALES

—

DEUXIÈME DEGRÉ

—

ARTICLE PREMIER. — Aucun élève ne pourra être admis dans une de ces écoles, avant l'âge de seize ans, et sans être porteur d'un certificat attestant qu'il a satisfait à l'examen subi à la fin des cours de l'école de chef-lieu d'arrondissement ou de deuxième degré.

ART. 2. — Les écoles spéciales de deuxième degré sont celles de :

1° Dessin ;
2° Peinture ;
3° Sculpture ;
4° Gravure ;
5° Lithographie ;
6° Ciselure ;
7° Moulure ;
8° Architecture ;
9° Musique ;
10° Sténographie ;
11° Militaire de 2° degré ;
12° Marine de 2° degré ;
13° Gymnastique ;
14° Escrime ;
15° Equitation ;
16° Artifices ;

17° Armures ;
18° Horticulture ;
19° Imprimerie ;
20° Fonderie ;
21° Filature ;
22° Tissus ;
23° Cavalerie.

Art. 3. — La durée des cours de ces écoles est de trois ans.

Art. 4. — Nul ne pourra exercer sa spécialité, si elle se trouve au nombre de celles pour lesquelles il existe des écoles spéciales de deuxième degré, s'il n'a obtenu, à la fin de son stage de trois ans, un diplôme ou un brevet d'aptitude professorale. On ne prend le titre de maître, de professeur ou de docteur qu'après ces trois années de stage. Pendant ces trois années, on porte celui de stagiaire.

Art. 5. — Quoique porteur d'un diplôme ou d'un brevet d'aptitude professorale, nul néanmoins n'exerce le professorat, s'il n'obtient la chaire de sa spécialité au concours.

ÉCOLES SPÉCIALES OU NORMALES

Article premier. — Aucun élève ne pourra être admis dans une de ces écoles avant l'âge de dix-neuf ans, et sans être porteur d'un certificat attestant qu'il a suivi les cours de l'école humanitaire du chef-lieu de département ou de premier degré.

Art. 2. — Les écoles spéciales de premier degré sont celles de :

1° Langues;
2° Littératures;
3° Philosophies;
4° Histoires;
5° Physique;
6° Chimie;
7° Mathématiques;
8° Astronomie;
9° Histoire naturelle (complète);
10° Géodésie;
11° Statique;
12° Mécanique;
13° Hydraulique;
14° Militaire de 1er degré (école);
15° Marine de 1er degré (école);
16° Eaux et forêts (école des);
17° Ponts et chaussées (école des);
18° Mines (école des);
19° Chirurgie;
20° Pharmacie;
21° Médecine;
22° Vétérinaire (école);
23° Dramatique (école);
24° Hygiène;

25° Géographie;
26° Agriculture;
27° Accouchements,
28° Femmes;
29° Sourds-muets;
30° Aveugles.

Art. 3. — La durée des cours de ces écoles est de trois ans.

Art. 4. — Nul ne pourra exercer sa spécialité, si elle se trouve classée parmi celles pour lesquelles il existe des écoles spéciales de premier degré, s'il n'a obtenu, à la fin de son stage, un diplôme d'aptitude. On ne prend le titre de maître, de professeur ou de docteur qu'après trois ans de stage. Pendant ces trois années, on porte celui de licencié.

———

DISPOSITIONS PARTICULIÈRES

Nonobstant le degré de l'école à laquelle l'élève aurait été obligé d'arrêter son éducation, nonobstant la spécialité qu'il aura d'abord embrassée, comme l'intelligence humaine peut se développer avec plus ou moins de rapidité, et qu'il serait injuste, dans certains cas, que la classification des premières années fût définitive:

Article premier. — L'élève retardataire est libre, jusqu'à l'âge de vingt ans révolus, de demander l'examen sur les matières exigées à la sortie d'une école quelconque, et sur une spécialité quelconque, et de reprendre ainsi une nouvelle carrière, s'il s'en montre capable.

Art. 2. — L'élève retardataire qui n'aura point réclamé d'examen nouveau, au terme de ce délai, qui doit être considéré comme décisif pour le développement de l'intelligence humaine, peut néanmoins encore, par une œuvre utile à la société, dans une spécialité quelconque, par une invention mécanique, par un progrès scientifique, enfin par un pas imprévu que son intelligence ferait faire à l'instruction, et partant au bonheur du corps social, prendre un nouveau rang dans la hiérarchie des intelligences.

Il est libre de se rehausser par des preuves. Le classement indiqué plus haut est pour la règle générale ; la loi est trop heureuse de fléchir devant des exceptions.

ACADÉMIES DE SCIENCES, LETTRES ET ARTS

Attendu qu'il importe au progrès des sciences, des lettres et des arts, que les intelligences qui s'adonnent exclusivement à une spécialité, et qui emploient tous leurs efforts à son perfectionnement, puissent se mettre en rapport constant pour se communiquer réciproquement leurs travaux, leurs doutes, leurs espérances, leurs succès, leurs découvertes ;

Attendu que ce n'est que par le commerce des

intelligences, l'échange des idées, le frottement des esprits, la chaleur des discussions, l'excitation que provoque l'aspect d'une grande assemblée, en un mot, l'émulation, que peut s'opérer le progrès :

Article premier. — Il sera établi, sur tous les points du territoire qui seront jugés opportuns par le corps représentatif, des assemblées dites Académies.

Art. 2. — Les Académies seront composées des sommités du corps enseignant et de tous les citoyens qui, dans leurs spécialités, se seront signalés par quelque heureuse invention ou innovation.

Art. 3. — Les membres des Académies président les concours, chacun dans sa spécialité, et dans l'étendue de sa sphère fixée par la loi.

Art. 4. — Les Académies proposent des questions sur tout ce qui peut intéresser les sciences, les lettres et les arts. Elles étudient toutes les inventions dont on leur fait le rapport, les rejettent ou en proposent l'adoption à l'Académie Suprême. Elles décernent des prix.

ACADÉMIE SUPRÊME OU UNIVERSELLE

Article premier. — Il sera établi, dans le lieu jugé le plus opportun par le pouvoir représentatif, un centre de lumières ou Académie Universelle, où viendront se grouper toutes les intelligences supérieures des académies de sciences, lettres et arts.

Art. 2. — L'Académie Suprême adopte ou rejette les inventions qui lui sont proposées par les autres académies. Elle réglemente les écoles et leurs administrations, et dirige les études d'après les méthodes les plus généreuses et les plus rapides adoptées par l'Assemblée Représentative. Elle surveille enfin, non-seulement la marche du corps social, mais celle de l'humanité tout entière.

———

Voilà comment je voudrais que fût organisée l'Instruction ! De cette manière, aucun citoyen n'aurait à se plaindre. Les moyens étant uniformes pour tous, ceux qui resteraient en arrière ne pourraient s'en prendre qu'à eux-mêmes ; ils n'auraient plus le droit, comme ils l'ont aujourd'hui, d'accuser leur corps social de faire le monopole de l'éducation. Les intelligences prendraient chacune leur rang naturel, sans que les moins développées pussent crier au privilége contre celles qui le seraient le plus.

Je passe maintenant à l'organisation, ou du moins aux moyens d'administration qui assureraient continuellement à chaque citoyen, non-seulement de l'occupation et un salaire fixe et suffisant déterminé par la loi, mais tout ce qui est indispensable à l'ouvrier comme matières premières, outils, etc.

CHAPITRE VII

GARANTIE DU TRAVAIL

Si l'on admet ce que l'histoire constate heureusement à chaque page, c'est-à-dire que l'homme est né progressif ; si l'on admet qu'un pouvoir, quelque tyrannique qu'on le suppose, ne saurait arrêter la pensée dans ses investigations qui ont, toutes, un mieux moral ou matériel pour but ; si l'on admet que, par suite de ces investigations, les sciences de toute nature iront se perfectionnant ; si l'on admet enfin que, parvenues à un certain degré de perfectionnement, ces sciences enfanteront des découvertes et des inventions mécaniques suffisantes pour que la matière morte puisse, dans un temps indéterminé mais assuré, se substituer aux bras, non pas peut-être dans la totalité des travaux, mais dans la presque totalité, et remplir toutes les fonctions que l'ignorance condamne encore la race humaine à remplir elle-même, on est contraint de conclure qu'il arrivera une époque où les populations ouvrières, remplacées dans leurs fonctions, sans avoir pu, pendant qu'elles les exerçaient, acquérir des provisions nécessaires d'existence pour un avenir devenu dès lors le présent, se trouveront dépourvues, au sein du corps social, de toute ressource industrielle, de tout moyen d'alimentation par voie de travail, et demeureront pauvres, affamées et inertes en présence des produits et des richesses de toute sorte qu'auront répandus les machines, leurs rivales.

Or, s'il est difficile, dès à présent, de remédier à cette paralysie dont les machines frappent certaines professions manuelles, quoique ces professions ne soient pas encore fort nombreuses ; s'il est si difficile et en même temps si périlleux d'étouffer les cris de détresse poussés par quelques fractions sans importance au milieu de cette masse compacte que présente un grand État, quel obstacle, chaque jour plus grave et à la fin insurmontable, n'éprouveront pas plus tard les gouvernements qui, basés uniquement sur le système des intérêts privés, c'est-à-dire de la propriété individuelle, repousseront toute idée de communauté, à satisfaire la faim de cette immense foule ouvrière que, dans le fatal et barbare dessein de réaliser de grands profits particuliers, l'exploiteur aura dépouillée du rôle laborieux qu'elle remplissait !

Les découvertes, dit-on, ne s'opéreront pas **toutes** simultanément. Il y aura gradation pour

elles, comme pour les autres choses humaines ;
et, au fur et à mesure que la machine se présen-
tera pour exploiter une branche d'industrie, le
hasard ou plutôt le progrès en ouvrira une nouvelle où pourra se jeter la population ouvrière qui
ne sera ainsi que déplacée. L'expérience dé-
montre que cette fusion d'une catégorie d'ouvriers,
frappée de paralysie par les machines, est possible dans une grande masse de population.
Depuis l'invention des métiers à filer, depuis
l'application de la vapeur à tant de genres d'industries, qui ne marchaient autrefois qu'avec le
secours de la force humaine, depuis la création
des chemins de fer qui ont attaqué tant d'intérêts
différents, et qui en menacent encore tant d'autres, les bras substitués n'ont-ils pas trouvé à
s'occuper de nouveau ?

Ce raisonnement n'est que captieux, et ne
peut être, par conséquent, admis.

Les besoins de l'homme, du moins, les besoins
essentiels, les besoins premiers, ceux dont la satisfaction importe à l'existence, sont limités ; on
peut en indiquer le chiffre. Laissons de côté tous
ceux qui n'intéressent pas directement la vie !
Eh bien ! ces besoins premiers pourront tous, au
moyen du progrès des sciences, être, un jour
plus ou moins éloigné, satisfaits par le travail de
la matière morte substituée à l'ouvrier. Il suffira
d'un homme présidant à chaque machine, pour
produire ce que des milliers de bras produiraient

à peine aujourd'hui. Mais, que deviendront alors les classes ouvrières ? C'est là uniquement que se trouve la question ; et la réponse qu'on y fait ne me semble pas une réponse.

Il faudrait, pour qu'on pût occuper encore les millions de travailleurs qui auront été peu à peu déshérités de leurs tâches, qu'on eût inventé autant de carrières nouvelles qu'il s'en trouverait d'envahies par les machines ; et il faudrait, en outre, que ces carrières nouvelles fussent aussi indispensables que celles qui sont actuellement ouvertes par les besoins dont nous parlons. En effet, si les voies nouvelles n'étaient pas suffisantes aux populations supplantées, ou s'il n'était pas démontré qu'il y eût à les parcourir une utilité égale à celle qu'on avait à suivre les anciennes, abandonnées désormais aux machines, ou bien on manquerait d'occupation pour les bras, ou bien la futilité des travaux ferait qu'on n'y affecterait pas un salaire suffisant, et que, partant, nul ne voudrait s'y livrer.

Aujourd'hui, toutes les choses nécessaires à l'existence, provenant soit de l'agriculture, soit de tous les autres arts qui découlent forcément de celui-là, sont confectionnées par l'immense foule ouvrière qui compose plus des trois quarts de la Nation. On conçoit qu'un corps d'état en particulier, qui n'est exploité que par quelques centaines de mille hommes, puisse, étant remplacé par la machine, trouver néanmoins une porte de salut dans un corps social intéressé pour rester debout avec les mêmes errements de privilége sur lesquels il est établi, et d'après lesquels il veut continuer à vivre, à étouffer toutes les récriminations par des expédients d'une nature quelconque. Les Etats aristocratiques savent trop qu'il ne faut point acculer les populations, et que la faim est la plus mauvaise des conseillères, pour ne pas s'empresser d'acheter le silence des mécontents à quelque prix que ce soit. Aussi, soit par une augmentation d'impôt prélevée sur la généralité de la Nation, soit par la demande trompeuse de quelques crédits supplémentaires, soit par la création de quelques nouvelles industries de luxe dont on pourrait bien se passer, ou de quelques charges administratives dont on se passerait encore mieux, soit par des soulagements aumôniers, soit par l'entretien systématique d'une guerre inutile et coûteuse au pays, mais tout à fait essentielle au gouvernement, soit enfin, par l'emprisonnement, la mitraille, la fusillade, la transportation, qui deviennent encore quelquefois des moyens de parer à l'embarras d'une situation, peut-on s'expliquer ce déplacement partiel d'une catégorie d'ouvriers ? Mais qu'on jette le regard plus avant, et qu'on examine chaque profession essentielle perdant à son tour son emploi ! Est-il permis de supposer qu'on ouvrira un canal de fuite au trop-plein de cette malheureuse population qui compose presque le corps de la société? Il y aurait donc, dans ce cas, comme je le disais tout à l'heure, autant de nouveaux besoins qu'il en existe déjà aujourd'hui, et ces nouveaux besoins, qui plus est, seraient donc aussi importants à satisfaire que ceux auxquels nous sommes malheureusement sujets.

Pour admettre une semblable allégation, il faudrait d'abord supposer que l'homme, par suite du progrès de son intelligence, verrait croître aussi ses misères, car ses besoins ne sont pas autre chose. Or, l'homme tend constamment, sinon à les diminuer, parce que cela ne dépend pas de lui, et que la nature les lui a irrévocablement imposés, du moins à diminuer les travaux et les peines que comporte leur satisfaction. Il faudrait supposer que l'homme, bizarrement transformé par la lumière, deviendrait d'autant plus misérable qu'il apprendrait à se créer des instruments de bonheur. Singulière perfectibilité que celle qui consisterait à agrandir un gouffre au fur et à mesure qu'on inventerait des moyens rapides de le combler!

Mais, si les besoins essentiels de l'homme n'augmentaient point d'un côté, tandis que de l'autre son esprit inventif parviendrait à substituer les machines aux bras, pour la satisfaction de ceux auxquels il est impérieusement soumis dès à présent, quel débouché donner à ces classes de prolétaires qui ne subsistent aujourd'hui que par leur emploi à la satisfaction de ces besoins? Voilà une multitude composant la grande majorité de la Nation, ayant sous les yeux l'immensité des produits que l'art ou la pensée a fait sortir de la matière, au moyen de cette matière elle-même, face à face avec les chefs particuliers et, partant, opulents de l'exploitation, côte à côte avec les jouisseurs à qui tout appartient, n'ayant enfin d'autre perspective qu'une honteuse charité, ou une pensée de grand meurtre social! Quel remède, en une pareille conjoncture, appliquera l'État conservateur de la propriété individuelle?

La menace est flagrante. Il est vrai qne l'État arrête l'invention autant qu'il est en lui. Mais, puisque, malgré toutes ces précautions, l'orage doit éclater un jour, et qu'aux yeux de quiconque sait lire dans l'avenir ce n'est plus qu'une question de temps, n'est-il pas permis, que dis-je? n'est-il pas sage de s'en occuper dès aujourd'hui?

Alors même que les vices inhérents à tout gouvernement basé sur le principe de la propriété individuelle, alors même que les fautes des administrateurs, leur mauvais vouloir, leurs turpitudes, leurs illégalités, leurs dilapidations, leur système de corruption incessante, leurs efforts continuels d'abrutissement n'amèneraient pas la chute d'un tel pouvoir, il est prouvé au philosophe que l'esprit humain, par le fait seul de sa progression, doit nécessairement la provoquer. La pensée ne peut être arrêtée sans être anéantie. Le progrès des idées agrandit le domaine de la science. Cette dernière invente sans relâche. Il adviendra donc, encore une fois, une époque où la machine se substituera aux bras. Et quel gouvernement aristocratique se sentira alors capable de résoudre, sans attenter au droit sacré pour lui de la propriété, le terrible dilemme que viendront poser aux hommes de loisir les masses affamées, auxquelles il ne restera plus rien pour assouvir les douleurs de l'estomac, pas même l'espoir du travail? Que les partisans du système conservateur répondent! et qu'ils ne croient pas avoir répondu, en disant qu'il n'y a pas encore péril en la demeure, ou en niant les effets du progrès! Les pas que nous avons faits depuis un demi-siècle laissent le champ libre à toutes les suppositions.

L'homme tend à acquérir le plus de bonheur possible avec le moins de travail possible. Toutes les inventions qui augmentent ses jouissances et diminuent son labeur sont donc bonnes pour lui. Mais, si les inventions qui devraient appartenir à tous, et devenir, par conséquent, profitables à tous, n'appartiennent qu'à quelques-uns, et deviennent, par conséquent, nuisibles aux autres, que faut-il en déduire? Sont-ce les inventions qui sont mauvaises par elles-mêmes, et

qui empirent la destinée de l'homme, ou bien
sont-ce les lois privilégiées qui les rendent telles,
en ne les jetant pas dans le domaine de la communauté, et en consacrant au contraire leur exploitation exclusive à d'avides spéculateurs !

L'homme qui invente et qui construit une machine, dira-t-on, et qui la construit, qui plus est,
à ses frais, n'a donc pas le droit de l'exploiter,
alors que cette machine est à la fois l'œuvre de
sa pensée et son œuvre pécuniaire ? D'accord ! Il
a ce droit d'après vous, et par le temps qui court,
c'est-à-dire suivant l'ordre social établi. Mais,
voyez où aboutit ce principe de propriété individuelle ? Évidemment, il mine chaque jour votre
échafaudage. La propriété individuelle, sur laquelle reposent aujourd'hui toutes les sociétés
humaines, est destinée à les faire crouler toutes.
L'invention, fille du progrès ou de la pensée
éternelle, est la plus implacable ennemie du conservateur ; et le conservateur, par esprit d'égoïsme, ne recherche rien avec tant d'ardeur que
l'invention ! Qui doit succomber dans une lutte
où le vaincu futur court au devant des efforts du
vainqueur ?

Je n'admets donc dans mon système une organisation, ou plutôt une garantie de travail, que
comme moyen forcé de transition jusqu'à l'époque où la machine se sera presque entièrement
substituée au bras humain. Comme, d'ici-là, il
faut nécessairement s'occuper des classes labo-

rieuses, en améliorant autant que possible leur sort, j'ai cru indispensable de m'expliquer à cet égard. Il demeure, du reste, dans ma pensée, que l'homme un fois lancé, sans rencontrer d'obstacles ennemis, sur le chemin du progrès, doit arriver au dernier but qu'il se propose, c'est-à-dire à la plus grande somme de jouissances possible, avec le moins de travail possible; et j'ai l'intime conviction qu'avec l'étude et les loisirs que lui apportera chaque jour son mieux-être, son génie finira par livrer à la matière morte et à la brute seules toute la peine que la satisfaction de ses besoins exige de lui-même aujourd'hui.

Enfin, il est bien entendu que si je parle, en ce moment, d'assurer le travail aux classes ouvrières, et si j'en développe le moyen, ce n'est pas avec la croyance que l'homme devra être constamment soumis à la loi du travail, mais par la nécessité de l'alléger dans ses labeurs jusqu'à l'époque où ses lumières viendront le délivrer des tâches manuelles que son ignorance actuelle lui impose. En un mot, j'écris pour la société présente et pour la période de transition.

On va voir, par ce qui suit, que je n'ai pas besoin d'un système particulier d'organisation du travail. Ce dernier se trouve toujours garanti par suite de l'organisation de la société elle-même.

COMMERCE

Attendu que d'une part, le commerce d'exportation et d'importation, c'est-à-dire la vente aux pays étrangers de l'excédant des produits du sol et de l'excédant des produits de l'industrie nationale, et l'achat chez eux des produits différents de leurs sols et des produits différents de leurs industries particulières, sont les principales causes de la prospérité réciproque des Nations, en ce que chacune peut ainsi : 1° bénéficier, au profit de sa civilisation, des divers progrès des autres en tout ce qu'il est possible à l'intelligence et à la main humaine de comprendre et d'exécuter; 2° participer, au profit de son bien-être matériel, aux dons privilégiés que la nature a faits exclusivement à chaque contrée, et qu'il n'est pas possible d'acquérir chez soi, parce qu'ils dépendent des climats et des diverses natures de terrain;

Attendu que, d'une autre part, le commerce intérieur des citoyens entre eux, étant une des principales causes de la prospérité des uns, est nécessairement, par opposition, une des causes principales de la détresse des autres;

Attendu que le commerce intérieur des citoyens entre eux est, en outre, une des causes principales des vices, fraudes, délits et crimes qui souillent les sociétés, en éveillant et entretenant les passions les plus basses;

Attendu que le commerce intérieur des citoyens entre eux nuit essentiellement à la civilisation, en ce que l'esprit de mercantilisme anéantit tous les élans nobles et généreux, et ne laisse carrière qu'à l'ambition d'acquérir de l'argent;

Attendu, d'ailleurs, que, d'après l'organisation nouvelle de la société, le sol et l'excédant de ses produits, de même que l'excédant des autres produits, provenant de l'exercice de toutes les industries particulières, appartiennent à la Nation;

Attendu que chaque citoyen ne possède en particulier que son industrie personnelle, le prix tarifé par la loi de l'œuvre produite par cette industrie, et enfin l'œuvre tarifée provenant, soit de l'industrie de ses concitoyens, soit de l'industrie étrangère, acquise au moyen de ce prix tarifé de la main-d'œuvre :

ARTICLE PREMIER. — La Nation seule fait le commerce avec les Nations alliées, soit de l'excédant des produits du sol, soit de l'excédant des produits des industries particulières, et change ces excédants, soit contre du numéraire, soit contre des produits différents d'industries étrangères, selon les besoins nationaux, afin d'enrichir les caisses éternelles, de fournir les bazars, et d'augmenter indéfiniment le bonheur de chaque citoyen, en augmentant la quotité du droit d'existence, le tarif de la main-d'œuvre, et par conséquent la faculté pour chacun d'acheter plus d'objets, soient d'industrie nationale, soit d'industrie étrangère.

Art. 2. — La Nation seul opère le change des produits du sol et des produits de l'industrie, de localité à localité, c'est-à-dire de bazar à bazar, à l'intérieur.

Art. 3. — Le commerce entre citoyens est défendu.

Art. 4. — Nul citoyen ne peut livrer son œuvre tarifée qu'au bazar où la matière première lui a été fournie, et en représentant le bulletin de livraison de cette matière.

Art. 5. — Nul citoyen ne peut acheter qu'aux bazars.

Art. 6. — Toute espèce d'agiotage, facile à constater par la vérification des livres de bazar, est sévèrement punie.

Art. 7. — Le commerce n'est plus fait que pour le compte de la Nation, au moyen d'entrepôts et de bazars, et par l'entremise de commis à gage, à l'intérieur et à l'extérieur.

Art. 8. — Les commerçants, choisis au concours et rétribués comme tous les autres fonctionnaires, proportionnellement aux dangers, aux fatigues et aux nécessités de leurs différentes spécialités, ne sont que les hommes de confiance, les mandataires, en un mot les commis de la Nation.

Art. 9. — Les commerçants qui font des bénéfices, au compte de la Nation, reçoivent un boni d'encouragement proportionnel, fixé par la loi.

ART. 10. — Les commerçants ne peuvent jamais opérer à perte, sans le consentement de la Nation qui fixe le prix de vente aussi bien que celui d'achat.

———

BAZARS

Attendu que, la Nation s'étant rendue unique propriétaire du sol et de tout ce qu'il produit, enferme et supporte, il ne reste aux citoyens d'autre propriété particulière que celle de leur industrie privée, c'est-à-dire du prix tarifé de la main-d'œuvre;

Attendu que la Nation, qui livre à l'exploitation les matières premières qui lui appartiennent, et qui paie la main-d'œuvre qui les confectionne, a seule le droit de reprendre les objets confectionnés des mains des ouvriers, et seule le droit d'en opérer la vente;

Attendu qu'il est dès lors impossible aux citoyens de se livrer à un commerce quelconque;

Attendu d'ailleurs que, d'une part, le citoyen qui désire acheter, pouvant se procurer dans les bazars tous les objets confectionnés au prix du tarif, sera intéressé, pour n'être point trompé sur le mérite de ce qu'il veut acheter, à s'en rapporter au jury qui a reçu, jugé et appliqué le tarif gradué de la loi à chaque objet produit, et à se le procurer par conséquent au bazar même ;

Attendu que, d'une autre part, le citoyen qui voudrait frauder n'y trouverait aucun bénéfice, puisqu'il ne rencontrerait personne qui consentît à lui payer son œuvre au-delà du prix auquel elle est tarifée dans les bazars, et qu'il est lui-même libre d'en retirer en l'y rapportant ;

Attendu, enfin, que toute espèce d'agiotage, facile à constater par l'inspection des livres du bazar, s'il pouvait encore en exister dans une société organisée ainsi, devrait être considéré et puni comme vol, car il ne saurait être exercé que par le détournement d'objets confectionnés dont la matière première n'appartiendrait pas au vendeur, ou bien par le détournement de la matière première elle-même à l'état brut :

ARTICLE PREMIER. — Il est établi un bazar par commune, un par canton, un par chef-lieu d'arrondissement et un par chef-lieu de département.

ART. 2. — Le bazar est, par son étendue et la nature des matières premières et des objets confectionnés qu'il renferme, en rapport avec la population et les besoins de chaque localité.

ART. 3. — Chaque bazar a trois divisions.

Dans la première, composée de greniers, de caves et de magasins, sont renfermés :

1° Les produits du sol de la commune, qui doivent être échangés, comme excédants, contre

certains produits d'autres communes qui manquent de ceux-là, tels que grains, boissons, bois
de chauffage, etc., etc.;

2° Les métaux, les minéraux, les bois de construction et ceux qui sont propres à être travaillés;
les matières animales non encore exploitées,
mais préparées néanmoins pour l'exploitation,
provenant, soit de la commune elle-même, soit de
l'échange avec les autres communes ou avec les
pays étrangers.

Dans la deuxième division, composée uniquement
ment de magasins, sont étalés, avec ordre et par
quartiers, tous les objets confectionnés par les
sciences, les lettres, les arts et les métiers, portant chacun le tarif qui lui a été appliqué par le
jury de réception.

Dans la troisième est placée la caisse éternelle
dont il est parlé dans un article spécial.

Art. 4. — Il y a également dans chaque bazar
trois administrations différentes. Chacune d'elles
est affectée à une des divisions dont il est parlé
dans l'article précédent, et est composée :

1° D'un directeur ;

2° D'un inspecteur ;

3° D'autant de teneurs de livres et d'aides ou
employés subalternes que l'exige l'importance de
la division.

Art. 5. — La première administration, c'est-
à-dire celle de la division affectée aux matières
premières, a pour fonctions :

12.

1° De recevoir des mains des exploiteurs territoriaux et de celles des commis-voyageurs de la
Nation chargés du commerce à l'extérieur ou de
l'échange à l'intérieur, toutes les matières premières qui lui sont apportées, et de les classer
dans les greniers, caves et magasins du bazar.

2° De délivrer de ces matières premières les
quantités qui lui sont demandées par les directeurs d'établissements situés dans la commune et
par les porteurs de brevets de capacité.

Art. 6. — La deuxième administration, c'est-
à-dire celle de la division affectée aux objets confectionnés, a pour fonctions :

1° De recevoir, des mains du jury permanent
de réception et de celles des commis-voyageurs
de la Nation, chargés du commerce à l'extérieur,
tous les objets confectionnés provenant, soit de la
commune elle-même, soit des autres communes,
soit des pays étrangers et portant chacun leur
prix tarifé ;

2° De les classer avec ordre, par quartiers,
dans les magasins du bazar à ce destinés ;

3° De recevoir le prix tarifé de chaque objet
confectionné dont la vente lui sera demandée.

Art. 7. — Les deux administrations doivent,
en outre, chacune en ce qui la concerne, livrer à
tous les commis-voyageurs de la Nation, porteurs
d'un ordre formel à cet égard, ainsi qu'à tous
les chefs d'établissement situés dans la commune
qui en feront la demande, l'une l'excédant de l'an-

née en matières premières, et l'autre celui des objets confectionnés, en en retenant toutefois une certaine provision de réserve déterminée par la loi, proportionnellement aux besoins éventuels de la localité.

Art. 8. — Les deux administrations tiennent fidèlement inscrits, sur des registres doubles, les noms des citoyens auxquels les livraisons sont faites, la nature, la qualité, la quantité des matières premières ou des produits livrés, enfin, la date précise de chaque livraison.

Art. 9. — La troisième administration se compose d'un jury permanent de réception et d'un conseil de surveillance qui sont l'objet d'un article spécial.

CAISSES ÉTERNELLES DES BAZARS

Attendu que le droit d'existence doit être payé en numéraire à chaque citoyen ;

Attendu qu'il en doit être de même du prix tarifé de la main-d'œuvre :

Article premier. — Il sera créé une caisse éternelle dans chaque bazar.

Art. 2. — Cette caisse percevra :

1° Jusqu'à parfaite nationalisation du sol, les successions des jouisseurs actuels, au fur et à mesure des décès ;

2° Le prix des produits vendus et consommés dans la localité ;

3° Les biens laissés par chaque citoyen à sa mort.

Art. 3. — Elle paiera mensuellement :

1° Le droit d'existence à chaque citoyen, sur la présentation du coupon délivré par le maire de la commune ;

2° Le prix tarifé de la main-d'œuvre, sur la présentation du bon délivré par le chef du jury de réception du bazar.

Art. 4. — Elle satisfera, en outre, à tous les frais et à toutes les dépenses que pourront exiger les établissements ou monuments particuliers aux localités renfermées dans sa circonscription.

Art. 5. — Cette caisse versera, chaque année, son excédant dans la caisse éternelle centrale.

Art. 6. — Tous les besoins, tant individuels que locaux, sont évalués ou réglés par une loi, sur une échelle parfaite d'égalité, mais proportionnellement à la population, de telle sorte qu'en supposant qu'une localité quelconque ne pût (ce qui n'est pas, du reste, présumable), suffire à ses besoins, soit par ses produits territoriaux, à cause de la stérilité du sol, soit par ses produits industriels, elle reçût néanmoins sa part de nécessaire prise sur la masse des excédants provenant de toutes les autres localités.

CAISSE ÉTERNELLE CENTRALE

Attendu qu'il est d'une Nation riche, prudente et fière à la fois d'avoir toujours en réserve les moyens de parer à un désastre, de répondre à un affront, d'être, en un mot, constamment en mesure devant quelque fléau ou quelque accident qui vienne l'assaillir, et qui puisse exiger immédiatement des fonds ;

Attendu que, pour satisfaire aux frais et dépenses de la Nation dans les choses publiques, c'est-à-dire ne concernant aucune localité en particulier, mais intéressant tout le pays à la fois, tels que paiements de fonctionnaires n'ayant pas de prix de main-d'œuvre à toucher aux caisses des bazars, fondations et réparations de monuments, entretien provisoire de l'armée, des routes, des canaux, des établissements de toute nature, il est nécessaire qu'il y ait une administration centrale des finances, qui dispense de recourir aux caisses éternelles de chaque bazar en particulier :

ARTICLE PREMIER. — Il est créé, au siége des Pouvoirs Représentatif et Exécutif, une Caisse Éternelle Centrale, ou trésor public.

ART. 2. — Cette caisse, formée d'abord par les biens de l'État et de la commune, par les apanages princiers, par les dépouilles de tous les ennemis morts dans l'action révolutionnaire, par celles de tous les émigrés, etc., etc., sera entretenue :

1° Par la succession de chaque jouisseur actuel ;

2° Par l'excédant des produits du sol ;

3° Par l'excédant des produits de toutes les industries ;

4° Par les bénéfices résultant des négociations commerciales à l'extérieur ;

5° Enfin, par le profit des biens que chaque citoyen abandonnera à sa mort.

Art. 3. — L'impôt, de quelque nature qu'il soit est aboli.

JURY PERMANENT DE RÉCEPTION

Article premier. — Il est créé dans chaque bazar un Jury Permanent de réception.

Art. 2. — Ce Jury est composé de trois membres par commune, de six par canton, de neuf par chef-lieu d'arrondissement et de douze par chef-lieu de département.

Art. 3. — Nul ne peut faire partie du Jury de Réception s'il n'est membre d'une académie d'arts et métiers.

Art. 4. — Les membres du Jury sont choisis dans les spécialités qui sont le plus particulièrement exploitées aux lieux des bazars.

Art. 5. — Le Jury de réception ne juge que les produits des arts et métiers.

Art. 6. — Les œuvres d'intelligence sont jugées par les académies, qui se constituent en Jury de Réception toutes les fois que la présentation de quelque œuvre le rend nécessaire.

Art. 7. — Le Jury de Réception est chargé :

1° De recevoir les objets confectionnés ;

2° De leur appliquer à chacun, selon son degré de perfection, un tarif gradué fixé par la loi ;

3° De se faire représenter, toutes les fois qu'on lui apportera un objet confectionné à recevoir et à tarifer, le bulletin de livraison de la matière première qui a servi à la fabrication de cet objet, afin que, par la comparaison, on puisse toujours savoir si cette matière a été bien et entièrement employée ;

4° De faire le relevé le plus scrupuleux des droits de tarif ou de main-d'œuvre que chaque citoyen, qui a son compte particulier dans les livres du bazar, a touchés pendant le mois, et le relevé des achats qu'il a faits, afin qu'on puisse toujours savoir, de la manière la plus exacte, ce que chacun possède, soit en numéraire, soit en objets quelconques d'industrie, de telle sorte que, si le vol, quoique inutile dans une société où l'existence, l'éducation et le travail sont garantis, venait néanmoins à être pratiqué par quelque monomane, il pût être aisément constaté, le livre des tarifs ou de mains-d'œuvre d'une part et le livre des achats de l'autre prononçant à toute heure sur l'avoir de chacun. (Au reste, pour rendre le vol plus impossible encore, surtout dans les cas de voyage et de changement de domicile, il n'y aurait qu'à exiger de chaque citoyen qu'il fût porteur d'un livret personnel, sur lequel seraient consignés par les administrateurs des bazars, d'un côté, les prix de main-d'œuvre perçus, de l'autre, les sommes dépensées pour achat.)

CONSEIL DE SURVEILLANCE

ARTICLE PREMIER. — Il est créé, dans chaque bazar, un Conseil de Surveillance,

ART. 2. — Ce Conseil est composé de trois membres par commune, de six par canton, de neuf par chef-lieu d'arrondissement, de douze par chef-lieu de département.

ART. 3. — Nul ne peut être membre du Conseil de surveillance s'il ne fait partie d'une académie d'arts et métiers.

ART. 4. — Les membres du Conseil de Surveillance sont choisis dans les spécialités qui sont le plus particulièrement exploitées aux lieux des bazars.

ART. 5 — Le Conseil de Surveillance est chargé :

1° De faire, tous les mois, un rapport exact sur la nature, la qualité et la quantité des produits bruts ou confectionnés que renferme le bazar ;

2° De viser les livres de tarifs ou de mains-d'œuvre, ceux de vente et ceux de livraison de matières premières, ainsi que les livrets personnels ;

3° De veiller à ce que le bazar ne manque jamais ou ne regorge jamais, soit de matières premières, soit d'objets confectionnés;

4° D'indiquer le lieu de chaque production, et le nom de chaque industriel qui a fait une amélioration ou une invention quelconque ; de soumettre les inventions ou améliorations non encore adoptées à l'académie dans le ressort de laquelle se trouve le bazar ;

5° De s'entendre avec l'autorité municipale relativement à la population, au droit d'existence et aux besoins de la commune ;

6° Enfin, de demander les échanges, soit à cause du trop plein de certaines matières premières ou de certains objets confectionnés, soit à cause de leur défaut.

DROIT DE CITÉ

Attendu que l'homme ne peut accepter d'autre loi que celle qu'il a faite ou fait faire par l'organe d'un représentant, ou qu'il a du moins bien connue et approuvée, s'il n'a pu prendre aucune part à sa fabrication qui lui était antérieure :

ARTICLE PREMIER. — Tout enfant, né en

France, ou en pays étranger, de parents ayant la qualité de Français, est Français.

Art. 2. — Tout enfant, né en France, ou en pays étranger, d'un père seulement ou d'une mère seulement ayant la qualité de Français, est également Français.

Art. 3. — Tout étranger, acceptant publiquement, par acte, les conditions de la Société Française, et ayant vingt ans révolus, est Français s'il vient se fixer en France.

Art. 4. — Par cela que les enfants qui se trouvent dans les conditions précédentes sont Français, ils ne sont point Citoyens Français : leurs droits se bornent à ceux de l'existence et de l'éducation.

Art. 5. — Le droit de Cité n'est conféré aux Français qu'à l'âge de vingt ans révolus, sur une déclaration écrite, contre-signée par deux témoins et le maire de la commune où ils sont nés, qui constate qu'ils acceptent librement les lois fondamentales de la société, et qu'ils sont prêts à se soumettre à toutes leurs conséquences.

Art. 6. — Le droit de Cité consiste dans l'inscription sur le livre des catégories électorales.

VIE DU CITOYEN RÉCAPITULÉE

L'enfant vient au monde; Dès son inscription sur le registre de l'État civil, commence son droit d'existence.

Si les parents ou leurs représentants veulent l'élever, ils perçoivent mensuellement ce droit d'existence, à raison de deux cents francs par an, jusqu'à ce que l'enfant ait atteint l'âge de trois ans.

Si les parents, ou leurs représentants, pour une cause quelconque, ne veulent ou ne peuvent élever l'enfant, ils le déposent dans l'Établissement Nourricier établi dans le chef-lieu d'arrondissement; mais ils ne perçoivent dès lors aucun droit d'existence pour l'enfant, l'Établissement Nourricier élevant celui-ci gratuitement.

Si les parents, ou leurs correspondants, veulent reprendre l'enfant à la sortie de l'Établissement Nourricier, c'est-à-dire à l'âge de trois ans, pour le garder jusqu'à son entrée dans l'école humanitaire de commune ou de quatrième degré, c'est-à-dire jusqu'à l'âge de sept ans, ils perçoivent mensuellement un droit d'existence, à raison de deux cent cinquante francs par an, jusqu'à ce que l'enfant ait atteint l'âge de sept ans.

Si les parents ou leurs représentants, pour une cause quelconque, ne veulent eu ne peuvent élever l'enfant pendant cette période, ils peuvent le déposer dans l'Établissement des Adultes situé dans le chef-lieu de département ; mais, dans ce cas, ils ne perçoivent aucun droit d'existence pour l'enfant, l'Établissement des Adultes élevant celui-ci gratuitement.

Parvenu à l'âge de sept ans, l'enfant entre dans l'École Humanitaire de commune ou de quatrième degré, pour suivre toute la série de celles dont se compose le domaine de l'instruction, et pour ne plus s'arrêter qu'à celle à laquelle son intelligence fléchit.

Pendant tout le temps que dure l'éducation, le droit d'existence de l'élève est suspendu. La Nation satisfait à tous les frais.

Quand il sort de l'école à laquelle son intelligence l'a forcé de s'arrêter, l'élève est muni d'un brevet de capacité dans une spécialité quelconque qu'il a choisie. Ce brevet non-seulement lui permet, soit d'exercer dans le corps social une fonction administrative ou une profession manuelle, soit de se livrer à l'exercice de l'imagination et de créer des œuvres d'intelligence, mais il lui en fournit le moyen. L'élève présente ce brevet de capacité au maire de sa commune. Le magistrat municipal lui lit alors les bases du contrat social de la Nation Française, contrat déjà étudié par l'élève dans les diverses écoles, et lui demande, en présence de deux témoins qui apposent leur signature, une déclaration verbale et écrite par laquelle il accepte librement les lois de la société, c'est-à-dire les devoirs qu'elle impose, aussi bien que les droits qu'elle donne.

Si l'élève refuse de faire la déclaration, il est immédiatement conduit aux plus prochaines frontières, aux frais de la Nation qui perd tout le prix des soins qu'elle lui a prodigués depuis le jour de sa naissance; et son nom, inscrit dans le livre des ingrats, est affiché dans tous les lieux publics. Il lui est enjoint de ne plus remettre le pied sur le territoire, sous peine de l'emprisonnement et des travaux forcés.

Si l'élève accepte, au contraire, les lois de la société qui l'a nourri et élevé, le magistrat municipal lui confère à l'instant le Droit de Cité, qui consiste dans l'inscription sur le registre des catégories électorales. Il lui délivre, en outre, un coupon de rente, dite droit d'existence, qui lui est payé mensuellement, et jusqu'à l'âge de trente ans, au taux de trois cent cinquante francs, par la caisse éternelle du bazar de sa commune, ou de toute autre, s'il change de domicile ou s'il veut voyager.

L'élève devenu aide, compagnon, stagiaire ou licencié, présente ce même brevet de capacité à l'administration de la première division du bazar de sa commune, c'est-à-dire à celle des matières premières. Il lui est immédiatement délivré tout ce qui lui est nécessaire pour l'exploitation de son industrie, soit en outils, soit en matières premières, soit même en chantiers, s'il préfère travailler en communauté plutôt que chez lui, c'est-à-dire isolément.

Nanti des outils et des matières premières nécessaires à l'exploitation de son industrie, il confectionne, soit chez lui, soit dans les chantiers ou établissements nationaux, autant d'objets et aussi parfaits qu'il le peut, car il est intéressé à en produire beaucoup, pour percevoir beaucoup de prix de main-d'œuvre, et à faire le mieux possible, puisque le tarif de main-d'œuvre est gradué proportionnellement à la perfection du travail.

Quand il a confectionné quelque œuvre, l'ouvrier l'apporte au jury permanent de réception, en lui représentant le bulletin de la livraison qui lui a été faite de la matière première.

Le jury compare ce bulletin avec les produits confectionnés, c'est-à-dire s'assure que la matière a été bien et entièrement employée. Il juge, en outre, du degré de perfection de l'œuvre, et lui applique le degré de tarif de main-d'œuvre qu'il croit convenable.

Si la matière a été follement prodiguée ou mal employée, ce qui peut avoir lieu, parce que l'ouvrier, quoique capable d'exercer, puisqu'il est muni d'un brevet, pourrait, ou par négligence ou par envie de faire des essais sur une matière qui ne lui coûte rien, la perdre inutilement, et rendre, dans ce cas, la Nation ou tout le corps de ses co-sociétaires victime d'une faute ou d'un caprice vain, le jury permanent de réception ferait une déduction au prix tarifé de la main-d'œuvre, comme compensation du dégât qui aurait été fait de la matière première.

Quand l'ouvrier a reçu le bulletin du jury permanent de réception qui règle le tarif de la main-d'œuvre de ce qu'il a produit, il passe à la caisse du bazar, et en perçoit le prix, en numéraire, sur la présentation du bulletin.

Au moyen de ce numéraire, il se procure tous les objets confectionnés dont il peut avoir besoin ou envie, et qui proviennent de l'industrie de ses concitoyens, ou de la sienne propre, soit dans les bazars où tout ce qui peut être rassemblé et étalé dans des magasins se trouve réuni par les soins des commis-voyageurs de la Nation, soit dans les autres établissements publics qui ne sont séparés des bazars que parce que leurs conditions d'existence exigent cette séparation, mais qui en font réellement partie.

Ainsi, chacun, au moyen de son travail, qui peut être continuel, car la Nation livre toujours à l'ouvrier la matière première, et lui paie la main-d'œuvre dès qu'il lui rapporte un produit quelconque confectionné, est à même de vivre en toute liberté, c'est-à-dire selon ses penchants naturels. L'un, par exemple, dépensera le fruit de son travail en meubles, s'il en a le goût, un autre en objets de luxe et de futilité, un autre en étoffes, un autre en mets, etc., etc. Enfin, la vie restera ce qu'elle est aujourd'hui sous le rapport de l'indépendance domestique. Chacun existera à sa manière, comme il l'entendra, sans être soumis à aucun régime absurde et tyrannique. Seulement, avec une pareille organisation sociale, il n'y aura plus de créatures manquant des premières nécessités de la vie ; il n'y aura plus ni pauvres, ni mendiants ; et, s'il se rencontre encore des inégalités entre les citoyens, provenant, soit de l'intelligence, soit des facultés physiques, comme tous auront eu les mêmes moyens de parvenir, la société en demeurera innocente. Elle aura rempli son devoir, en donnant l'uniformité des moyens. La société ne peut pas faire plus que la nature ; c'est bien assez qu'elle entende sa voix, et se gouverne de manière à ne point contrarier ses vœux.

L'existence pourra continuer ainsi, jusqu'à son terme. Elle prend même de meilleures conditions, selon les différents âges.

Si le citoyen atteint l'âge de trente ans, il perçoit un droit d'existence de quatre cents francs, parce qu'il est à présumer qu'à cet âge il a une plus grande quantité de besoins et moins de temps à donner au travail, à cause des soins qu'exigent la femme et la famille.

S'il atteint celui de cinquante, il perçoit, jusqu'à la mort, un droit d'existence de cinq cents francs, parce que, si, d'un côté, il a moins de besoins que lorsqu'il était plus jeune, d'un autre il a aussi moins d'activité, de force et d'adresse pour travailler, et que son affaiblissement exige plus de moyens de se procurer le confortable.

S'il est aveugle, sourd, muet, idiot, infirme, enfin dans l'incapacité, à quelque âge qu'il se trouve, il a son droit d'existence et son entrée dans un établissement spécial. Il en est de même s'il est orphelin ou veuf.

On conçoit que, sous le nom d'homme ou d'ouvrier, je comprends la femme, toutes les fois qu'elle se rencontre dans des conditions analogues de destinée.

TRAVAUX PUBLICS

Attendu que tout est petit, mesquin, imparfait, en un mot, indigne, dans les travaux qui ont été jusqu'à ce jour exécutés par des entreprises de particuliers, même par celles d'associations opulentes qui n'avaient pas, néanmoins, ou assez de ressources pour faire de grandes choses, ou assez de bonne volonté pour renoncer à des bénéfices qui étaient au contraire leur seul but ;

Attendu qu'il importe au bien-être des citoyens en particulier, à leur santé et au bien-être des générations futures, ainsi qu'à la dignité d'une Nation libre, puissante, industrieuse et savante,

13.

que tout, chez elle, jusqu'aux monuments matériels, par lesquels se manifeste une partie de son
intelligence et de son habileté artistique, et qui
doivent en transmettre de durables témoignages
aux Nations contemporaines et aux races à venir,
réponde à la sagesse et à la grandeur des institutions législatives, à la loyauté de son caractère, à
la poésie de son âme ;

Attendu que la Nation seule est capable d'exécuter d'une manière grande, digne, parfaite,
ayant sous la main toutes les hautes intelligences
de toutes les spécialités, les bras d'une armée
(tant que l'armée est nécessaire) à sa disposition,
nonobstant ceux de tous les ouvriers de toutes
les catégories, et enfin de toutes les ressources en
matières premières et en produits d'industrie de
tout genre ;

Attendu, d'ailleurs, que, par suite de la disposition actuelle du corps social, sous les rapports
de la propriété foncière et des finances, aucun
citoyen ne saurait entreprendre plus qu'il ne saurait exécuter par lui-même, l'homme ayant cessé
d'être exploité par l'homme :

ARTICLE PREMIER. — La Nation seule exécute
les travaux généraux.

ART. 2. — La Nation seule entretient les con-
structions actuelles, jusqu'à ce qu'elle puisse re-
nouveler insensiblement la face du pays extérieur,
depuis la cabane de l'homme des champs jusqu'aux monuments nationaux des grandes cités.

Art. 3. — Les citoyens qui ont proposé les plans adoptés par le Pouvoir représentatif ont droit à faire partie des administrations chargées de l'exécution.

Art. 4. — Toutes les villes, villages, bourgs, etc., etc., seront, au fur et à mesure de leur dégradation, reconstruits sur de nouveaux plans, d'accord avec l'hygiène, la commodité et l'agrément.

———

Voilà pour l'organisation du travail qui agite aujourd'hui tant d'esprits, et qu'on prétend impossible !

Elle l'est, sans doute, avec les institutions du moment ; mais on ne réfléchit pas que les institutions ne sont précisément ce qu'elles sont que parce que le travail est si mal organisé. Organisez le travail, et tout change de face ! Car, pour organiser le travail, il faut abolir la propriété particulière ; et c'est la propriété particulière qui est la clé de voûte de l'édifice social actuel. C'est elle qui est la cause première et unique de tout ce qui se passe de malheurs, d'injustices, de crimes parmi les hommes.

———

CHAPITRE VIII

Après avoir développé les moyens d'application
par lesquels je prétendrais rendre vraiment positive la garantie d'existence, d'éducation et de
travail, consignée dans la nouvelle Constitution,
c'est-à-dire établir et rendre désormais indestructible l'Égalité sociale, je passe à quelques
autres mesures d'administration que je conseil-
lerais au Peuple d'adopter sur-le-champ, ou plutôt (on conçoit ma pensée) immédiatement après
son triomphe. Sans être aussi essentielles que
les clauses enfermées dans le deuxième article de
la Constitution qui, lui seul, contient à la rigueur
cette Constitution tout entière, ces mesures ne
laisseraient pas néanmoins d'avoir une grande
importance, en ce qu'elles simplifieraient beaucoup le mouvement régénérateur, et contri-
bueraient puissamment au retour de l'ordre, et à
son maintien, une fois cet ordre rétabli.

Je voudrais que, par rapport à la religion, qui
passe toujours, aux yeux des masses ignorantes,

pour l'institution à la conservation de laquelle il faut attacher le plus grave intérêt, il fût pris une détermination franche, loyale et décisive, et qu'une loi semblable à la suivante vînt, non seulement arrêter les empiétements du clergé, et anéantir sa tendresse abrutissante, mais placer tous les ministres de cultes dans une position tellement neutre que leur conviction seule pût désormais les guider dans le choix de cette spécialité, et que le mérite seul servît à les investir de considération.

CULTES

Attendu que l'homme, soit par un sentiment inné de reconnaissance envers le principe caché de la création universelle et de sa création en particulier, soit par un sentiment de surprise, d'admiration, de superstition, de crainte, provenant de son ignorance en face des mystères impénétrables de la nature, soit enfin par un besoin réel de faire avec éclat, pompe et cérémonie, hommage de sa petitesse et de sa soumission à la puissance bienfaisante et inconnue qui donne à la fois et la vie et la mort, le jour et la nuit, le froid et la chaleur, le calme et la tempête, l'abondance et la famine, etc., etc., a, de temps immémorial, tant dans l'état sauvage que dans l'état de civilisation, élevé des autels en l'honneur du grand moteur des choses ;

Attendu que si les religions, quelles qu'elles soient, sont entachées, comme tout ce qui sort de la main des hommes, même les plus sages, de défectuosités, de ridicules, de vices, et, par conséquent, de dangers, elles peuvent néanmoins, étant dépouillées par la loi civile de tout ce qu'elles renferment de superstitions, d'obscurantisme, de fourberie, de tracasserie pour les âmes, de fausses peurs et de fausses promesses, enfin de fatal et aveugle séidisme, aider la législation civile à rendre l'homme meilleur, en dirigeant les affections de son cœur, en lui enseignant la charité et la fraternité, en arrêtant le dérèglement des mœurs que ne peut toujours atteindre la loi, en donnant enfin à sa conscience des bases de vertus distinctes de celles qui consistent dans la stricte observation du bien et du mal sociaux, c'est-à-dire en substituant l'amour au devoir;

Attendu que, si les ministres des diverses religions de tous les temps et de tous les pays, après avoir aidé à la civilisation, sous un certain rapport, lui ont beaucoup plus nui sous une infinité d'autres, il est urgent que la loi les place dans l'impossibilité d'exercer aucune influence funeste au sein d'une Nation organisée avec prudence et sagesse ;

Attendu, enfin, que les cérémonies religieuses, pourvu qu'elles ne contrarient en rien les lois, les mœurs et les idées sociales, peuvent être considérées comme des fêtes de corporations, des spectacles de morale et d'amusement célébrés en l'honneur de la divinité et pour l'édification des créatures :

ARTICLE PREMIER. — Tous les cultes, sous l'inspection des lois, sont autorisés et également protégés.

ART. 2. — Il n'y a point d'école spéciale religieuse.

ART. 3. — Tout élève, qui aura satisfait à l'examen subi à la sortie de l'École Humanitaire de chef-lieu de département ou de premier degré, pourra devenir ministre dans le culte de son choix, s'il donne d'ailleurs à la société toutes les garanties de moralité, d'intelligence et de principes sociaux qu'elle est en droit d'exiger de lui, garanties qui seront indiquées par un règlement particulier.

ART. 4. — Le candidat au ministère religieux doit, pour être accepté et pour obtenir son titre, présenter au ministre des jeux une pétition en sa faveur, signée par la majorité des co-religionnaires d'une commune, d'un chef-lieu de canton, d'un chef-lieu d'arrondissement, ou d'un chef-lieu de département.

ART. 5. — Quoique mis sur le même rang que les acteurs des spectacles, jeux et fêtes publics, le ministre des cultes ne reçoit, à part son droit d'existence, aucune rétribution, en sa qualité de ministre.

ART. 6. — La loi déterminera le nombre des

ministres religieux, qui devra être le plus restreint possible, attendu qu'il est de l'intérêt de la société, tant que les travaux manuels existent, de n'avoir pas beaucoup de membres manquant d'une industrie productive.

Art. 7. — Le ministre religieux peut être fonctionnaire de l'État dans une spécialité quelconque, s'il a obtenu un brevet de capacité relatif à cette spécialité, à la sortie de l'École Humanitaire du chef-lieu de département.

Art. 8. — Il est accordé un local particulier à chaque culte pour l'exercice de ses cérémonies.

Art. 9. — Tous les signes extérieurs de culte, ainsi que toutes les cérémonies en dehors du lieu qui leur est destiné, sont prohibés.

Je voudrais que, par rapport à la justice, ou, du moins, à ce qu'on appelle aujourd'hui de ce nom, il fût aussi promulgué une loi conçue dans l'esprit de la suivante :

JUSTICE

Attendu que, dans un corps social où la propriété et le commerce appartiennent exclusivement à l'État, et où chaque citoyen a son existence, son éducation et son travail garantis, la justice est facile à exercer ;

Attendu que, dans un pareil corps social, il ne

saurait, en effet, exister d'autres crimes que ceux provoqués par des passions indépendantes des besoins premiers de l'homme, et dont n'aurait pu triompher l'éducation, ni d'autres délits que ceux commis sans nécessité par des natures incorrigibles, c'est-à-dire monomanes ;

Attendu que la triste nomenclature des culpabilités que frappe aujourd'hui le Code pénal se résumerait en quelques tentatives aussi absurdes qu'inutiles de rapine, ou quelque abandon trop prolongé aux douceurs de la paresse, délits faciles à constater par l'inspection des livres de bazar qui indiquent, de la manière la plus exacte, d'un côté, les ventes et les livraisons de la matière première, ainsi que les dates et les noms des citoyens auxquels il a été vendu ou livré ; de l'autre, la réception des objets confectionnés et le paiement du prix de la main-d'œuvre ;

Attendu que, dès lors, il n'est plus besoin de juges, interprètes de lois superflues et abolies.

Article premier. — Les tribunaux civils, les tribunaux de commerce, les cours d'appel, la cour de cassation et toutes les cours exceptionnelles sont abolis.

Art. 2. — Les facultés de droit, les professions de jurisconsulte, de notaire, d'avoué, d'avocat, d'huissier, et toutes celles qui ont rapport à l'ancienne procédure, sont supprimées.

On a vu, dans l'article 6 de la Constitution, comment toute cette triste armée judiciaire se trouverait remplacée par un simple jury.

Je voudrais que, par rapport à la police, il fût rendu une loi dans l'esprit de la suivante :

POLICE

Attendu que, dans une Nation où chaque citoyen est membre du pouvoir souverain, et se trouve, par conséquent, intéressé au maintien du gouvernement qui émane de lui, et dont il est à la fois partie intégrante, c'est-à-dire où chaque citoyen veut la conservation de son œuvre et sa propre conservation, il ne saurait s'ourdir de graves conspirations ;

Attendu que, dans une Nation où, par la sage organisation de la propriété, de l'instruction et du commerce, chaque citoyen ayant l'existence, l'éducation et le travail garantis, il n'y a plus de crimes, de délits, de procès, de machinations gouvernementales, de hideuse exploitation de l'homme par l'homme, la police est en même temps honorable et facile à exercer ;

Attendu que, s'il faut absolument, pour le maintien de l'ordre et la continuité exacte de la surveillance, qu'il y ait des fonctionnaires voués à ce genre de magistrature, qui doit être environné de considération, il est juste aussi que chacun prenne, à son tour, sa part des charges publiques :

Article premier. — Tous les citoyens, sous la direction d'un commissaire, font, à tour de rôle, la police de leurs communes respectives.

Art. 2. — La police est toujours faite ouvertement.

Art. 3. — Le temps passé à l'exercice de la police est payé à chaque citoyen par la caisse éternelle de sa commune, proportionnellement à ce qu'il gagne par mois, chose facile à constater par l'inspection du livret personnel et des registres du bazar.

Art. 4. — Les citoyens peuvent se vouer pour toujours à l'exercice de la police. Ils sont rétribués dans ce genre de magistrature, ainsi que tous les autres fonctionnaires de l'État dont les professions n'ont point de prix de main-d'œuvre.

Art. 5. — L'élève qui aura satisfait à l'examen subi à la fin des cours de l'École Humanitaire de chef-lieu de département ou de premier degré, est apte à devenir commissaire de police.

Art. 6. — Il y a un commissaire de police par commune, deux par chef-lieu de canton, quatre par chef-lieu d'arrondissement, six par chef-lieu de département.

Art. 7. — Les commissaires de police sont sous les ordres des officiers civils.

Je voudrais, en outre, qu'en attendant l'époque où l'Assemblée Représentative pourrait se livrer avec calme et sécurité à la fabrication des lois et règlements destinés à fonder et à maintenir l'ordre, la paix, la richesse et le bonheur dans le corps social, il fût pris quelques mesures provisoires capables, sinon d'assurer, du moins de prolonger le triomphe populaire. On conçoit qu'il en est d'une telle nature qu'il m'est impossible de les faire connaître par avance. Ce sera à la situation du Peuple, après sa victoire, c'est-à-dire à l'aspect offert par les Nations étrangères et par l'aristocratie intérieure, à en déterminer l'emploi. Je ne parle ici que des précautions qu'il est permis d'indiquer par esprit de prévoyance. Encore un coup, les autres dépendraient des nécessités du moment; et il est telles idées dont la propagande et l'adoption n'exigent pas beaucoup de temps aux heures terribles des révolutions. Il est inutile de leur donner un cours anticipé.

MESURES PROVISOIRES

Attendu qu'après la victoire remportée sur l'aristocratie par la Nation, il importe à cette dernière de se garder contre les ennemis intérieurs et extérieurs de la Révolution;

Attendu qu'il est de sa prudence de surveiller

les vaincus, et de sa générosité de pardonner à ceux d'entre eux qui avaient été égarés, mais dont le cœur lui a toujours appartenu, et qui reviennent vers elle de bonne foi;

Attendu que, de tout temps, le sang versé par les Peuples, pour leur affranchissement, l'a été inutilement, et que de nouvelles chaînes ont aussitôt remplacé les chaînes brisées;

Attendu que, pour que la victoire lui soit profitable, il convient au Peuple de rester debout, l'arme au bras, jusqu'à ce que les garanties d'amélioration aient été bien constituées par le pouvoir représentatif légitime, c'est-à-dire créé par le suffrage universel des corporations:

ARTICLE PREMIER. — Tous les citoyens resteront en armes jusqu'à la promulgation de la loi qui leur annoncera qu'ils peuvent les déposer, sans s'en dessaisir.

ART. 2. — Tout individu qui aura quitté furtivement le territoire national, à l'époque de la Révolution, sera considéré comme ennemi, et ses biens, dans le cas où il n'aurait laissé aucun héritier direct et au premier degré, seront confisqués au profit de la Nation.

ART. 3. — A l'égard des vaincus se ralliant de bonne foi à la Nation, l'oubli de leur erreur fratricide est commandé.

ART. 4. — Les prisons politiques et les prisons pour dettes sont ouvertes.

ART. 5. — Les prisons civiles et les bagnes

seront l'objet d'une loi qui fixera le sort futur des condamnés actuels.

DISPOSITIONS PARTICULIÈRES
A L'ARMÉE

Attendu que la Nation, après son triomphe sur l'aristocratie, doit se tenir en mesure de repousser toute attaque qui pourrait lui être faite par les gouvernements des Peuples restés en esclavage ; que, dans le cas où une attaque aurait lieu, l'armée citoyenne, peu habile d'abord dans la science stratégique, et peu faite aux exercices et aux fatigues militaires, pourrait être insuffisante à la repousser ;

Attendu qu'il faut, d'ailleurs, une certaine force sur pied, disséminée sur toute l'étendue du territoire national, pour assister la police, en cas de révolte ou de rébellion, jusqu'à l'époque où les masses seraient initiées par l'éducation aux bienfaits du nouveau régime :

ARTICLE PREMIER. — Il y a une armée permanente, tant que l'esclavage des Peuples étrangers la rend nécessaire. Son chiffre est fixé par l'Assemblée Représentative.

ART. 2. — Tous les citoyens, sans autre exception que celle de l'incapacité morale ou physique, c'est-à-dire tous les citoyens propres, par l'âge, la conformation, l'état mental et celui de la santé, à porter les armes, sont soldats, et peuvent, en cas de danger de la patrie, être appelés sous les drapeaux.

Art. 3. — La partie de l'armée qui a combattu contre le Peuple est licenciée. Aucun des chefs ou des soldats qui s'y trouvent compris ne pourra être incorporé dans la partie provisoirement conservée.

———

Je voudrais enfin que la Nation fît, par un acte solennel, connaître à tous les Peuples de la terre l'époque de sa transformation, le plan de ses nouvelles destinées et ses irrévocables déterminations pour l'avenir; qu'elle ouvrît, en un mot, l'ère de l'Égalité par un manifeste semblable au suivant :

MANIFESTE DE LA NATION FRANÇAISE

Attendu que toutes les sociétés humaines qui ont vécu, ou qui du moins ont laissé un nom et une histoire, et que toutes celles qui occupent actuellement la terre ont offert et offrent le même aspect déplorable;

Attendu qu'à part les lentes et faibles améliorations apportées forcément par la succession des âges, car les grands corps collectifs subissent, à leur tour, et en dépit des plus tyranniques obsta-

cles, la loi de perfectibilité qui régit particulièrement chacune des unités dont ils se composent ;
qu'à part certaines variétés peu importantes dans
les croyances, les préjugés, les mœurs, les habitudes, les sciences, les lettres et les arts, variétés
qui sont suffisamment expliquées par la différence des climats et des produits terrestres qui
servent d'aliments, par la vie séparée ou l'existence respective, par l'éloignement et la difficulté
des rapports, surtout par la funeste distinction
des langues, les destinées des Nations éteintes et
de celles qui sont aujourd'hui debout paraissent,
du reste, avoir toujours été, comme elles le sont
encore, parfaitement identiques ;

Attendu qu'à quelque époque que les sociétés
se soient constituées, et quelque dénomination
politique qu'aient adoptée leurs divers gouvernements, les deux grands principes de bonheur
et de malheur, c'est-à-dire la richesse et la pauvreté qui divisent les populations, ont vécu dans
leur sein et s'y sont maintenus en présence,
malgré tous les efforts de changement, ou, en
d'autres termes, tous les essais de révolutions ;

Attendu qu'on ne saurait imputer ces défian-
ces continuelles, ces haines invétérées de caste à
caste, ces luttes intestines, enfin ces explosions
terribles, ces cataclysmes humanitaires qui, en
amenant la ruine des plus vastes empires, des
plus intelligentes cités, ont successivement em-
pêché, arrêté ou anéanti la civilisation, qu'aux

vices radicaux de l'organisation première des corps sociaux ;

La Nation française déclare :

ARTICLE PREMIER. — Convaincue qu'aucun des pactes fondamentaux, ni aucun des gouvernements adoptés jusqu'ici par les Peuples ne sauraient améliorer leur sort, en détruisant l'aristocratie et en secondant le progrès, qui doit forcément conduire à l'Égalité, dernier terme de la science sociale, la France se reconstitue en société sous le titre de *Communauté de France* ou *Société française.*

ART. 2. — Renonçant à toute idée de conquête, la France n'étendra jamais ses frontières actuelles par la voie des armes, et ne fera la guerre que pour sa propre défense ou pour celle de ses alliés.

ART. 3. — Ayant intérêt, d'abord par rapport à sa propre sécurité, ensuite par rapport au bonheur de l'humanité en général, que tous les gouvernements, aujourd'hui debout sur le globe, soient renversés, car ils sont tous aristocratiques, la France engage les Peuples, qui comprennent leur oppression et qui veulent s'affranchir, à imiter l'exemple qu'elle leur donne, leur promettant son appui, autant que ses ressources en hommes, en finances et en munitions de toute nature le lui permettront, ainsi que les distances topographiques.

ART. 4. — Malgré son intervention en faveur

des Peuples insurgés pour conquérir leur indépendance, la France n'imposera en rien ses
idées d'organisation, et laissera à chaque Peuple
affranchi le soin de se réconstituer par les
moyens qui lui sembleront propres, pourvu toutefois que l'Égalité sociale soit inviolablement
garantie dans son pacte fondamental, et ne soit
pas menacée chez elle.

Art. 5. — La France ne reconnaît pour ses
alliés que les Peuples libres ou en révolte pour
le devenir. Elle plaint les Peuples qui demeurent
esclaves par ignorance ou par lâcheté, car ils
sont plus forts que leurs gouvernements. Elle les
reconnaît pour ses frères en humanité, mais, forcée de renoncer à tout rapport avec eux, jusqu'au
jour de leur tentative de régénération, elle les
avertit que, jusqu'à ce jour aussi, ils ne doivent
attendre rien d'elle. L'initiative ne lui appartient
que dans les limites de son territoire, et elle l'a
prise.

A tous les Peuples libres ou en insurrection
pour le devenir, fraternité, alliance, secours !

A tous les Peuples esclaves, pitié !

Voilà par quelles mesures politiques immédia-
tes je voudrais proclamer et maintenir, jusqu'au
jour de la promulgation de la Constitution, le
premier et seul véritable triomphe du Peuple sur
l'aristocratie !

D'autres mesures encore, d'une très-grande importance en ce qu'elles intéressent vivement les droits d'existence, d'éducation et de travail garantis par la Constitution, telles, par exemple, que la création du catéchisme social et de la langue universelle ; l'organisation des diverses écoles de femmes, que j'ai dû me contenter d'indiquer dans cet ouvrage ; l'application d'un nouveau système de poste, d'éclairage et d'imprimerie ; l'adoption de la vapeur pour tous les travaux agricoles et pour une foule de branches d'industrie misérablement exploitées aujourd'hui par un grossier individualisme ; la multiplication des chemins de fer ; le creusement de canaux ; l'assainissement et la fécondation de marais ; la canalisation des rivières ; la démolition et la réédification de presque tous les édifices publics et particuliers ; le défrichement de tous les terrains demeurés incultes jusqu'ici ; la construction des aérostats, etc., me sembleraient devoir fixer, sans nul retard, l'attention de la nouvelle Assemblée Représentative. Toutefois, je n'ai pas cru qu'il m'appartînt de traiter, moi particulièrement, tant de sujets à la fois, surtout dans un écrit qui, étant destiné aux classes prolétaires, devait par conséquent être de courte haleine.

La tâche que je m'étais imposée se trouve accomplie. J'ai développé, avec autant de concision et de clarté qu'il m'a été possible d'en mettre dans mon plan et dans mon style, le Système d'Organisation Sociale que j'avais annoncé, et qui va être probablement si diversement accueilli.

Je n'ignore pas que les projets appelés gigantesques ont, par cela seul que leur nature les place au-dessus des conceptions vulgaires, à peu près tous, le même sort. Quelques résultats importants que promette leur exécution, ils meurent d'ordinaire avant elle, précisément parce que cette exécution, trop immense pour être vite et généralement comprise, est, dès lors, considérée comme impossible. L'impitoyable ridicule s'empare d'eux à leur naissance ; il les étouffe comme des monstres qui effraieraient par leurs proportions ; et, souvent, il ne reste à leurs malheureux auteurs, pour récompense des plus longs travaux, que les rires insultants d'une multitude qui ne comprend que la parodie, le fiel empoisonné de quelques plumes mercenaires ou anonymes, la pâleur des veilles et le martyre des prisons. Ces auteurs ont même besoin, parfois, que l'expérience qui, seule, peut rectifier les erreurs des générations, et réhabiliter, quoique toujours trop tard, il est vrai, le mérite, vienne confirmer, en faisant adopter graduellement leurs idées précoces, ce qu'aucun Hippocrate contemporain n'eût osé garantir, de peur de se compromettre, savoir : que leurs cerveaux novateurs ne laissaient pas d'être parfaitement bien organisés pour n'avoir pas été fondus dans le moule commun.

Voilà quelle est infailliblement la destinée de quiconque est assez audacieux pour sortir de l'ornière battue, et prétendre frayer une route nouvelle et meilleure à ses compagnons de voyage! On le soupçonne égaré, si on ne le croit perdu. Voilà quelle sera probablement la mienne! L'excentricité du système que je publie me le fait augurer. Aussi, me soumets-je d'avance à tous les coups de la tempête, plein de l'espoir qu'un avenir peu reculé, si j'en juge par les progrès que font aujourd'hui tous les Peuples, se chargera de me venger des outrages du présent.

L'esprit humain est, en général, beaucoup trop rapide dans ses décisions; et la faute en es à son ordinaire suffisance. L'idée qu'un autre a émise avant nous, nous voulons avoir l'air de la concevoir avec promptitude, comme si ce vain étalage de perspicacité devait nous en rendre en quelque sorte co-propriétaires; mais nous en admettons rarement la justesse, quand nous nous souvenons ensuite de n'y avoir aucun droit. Nous exigeons alors les démonstrations évidentes, des preuves palpables. A plus forte raison, sommes-nous sévères, scrupuleux, incrédules, lorsqu'il s'agit d'innovations qui manquent de ces garanties antérieures, qui ne peuvent en acquérir qu'insensiblement et par la seule pratique, et qui, surtout, menacent de nombreux et puissants intérêts. On allègue l'absurdité ; on aiguise la critique; on déchaîne même la calomnie ; et ce n'est pas le moindre sacrifice de l'amour-propre que celui de descendre quelquefois jusques à l'examen.

Combien y eut-il de personnes qui ajoutèrent foi aux prédictions de Colomb? Combien y en eut-il qui voulurent aider à les vérifier? Sans l'appui d'une femme, l'Amérique serait peut-être encore à découvrir. La pensée du célèbre Génois n'était pourtant pas la pensée d'un fou. Cet autre monde que rêvait sa vaste imagination existait ailleurs que dans sa tête ; mais, s'il n'eût pu en revenir, quelle mémoire lui gardait la postérité?

Voyez Galilée ! Voyez Copernic ! Non pas tels qu'ils sont maintenant à la face du monde civilisé, c'est-à-dire les flambeaux immortels de leurs siècles, mais tels qu'ils parurent à l'origine de leurs merveilleux systèmes ! Ne semblait-il pas que le globe terrestre lui-même, avec tous ses habitants, se fût soulevé contre eux, pour venger son détrônement planétaire? Et le premier eût immanquablement terminé sa carrière dans les flammes, si, comme le dit fort spirituellement Fontenelle, il n'eût, en homme adroit, esquivé le supplice, mourant le jour même où ses œuvres furent publiées.

Tout en cherchant les lumières, parce qu'elles améliorent leur condition, les hommes éprouvent une sorte d'antipathie pour ceux qui les éclairent. Ils nient d'abord, persécutent ensuite, admirent et profitent à la fin. Ce fut là, de tous les temps, leur marche invariable. On dirait, à les voir agir, qu'ils sont les ennemis déclarés de leurs propres intérêts, et que le regret jaloux de n'en avoir pas été, chacun en particulier, le moteur, les fait céder avec peine à l'accroissement du bien-être général.

Il ne faut donc pas s'étonner s'il y a des choses qui, pour être essentiellement vraies et bonnes, ne demandent pas moins des témoignages immédiats, des soutiens matériels, sous peine d'être considérées comme les produits du délire ou de la démence. Et je ne doute pas que si, à l'époque voisine encore de nos jours où le hasard enseigna la décomposition de l'air atmosphérique, et, partant, l'inflammabilité de l'hydrogène, quelque esprit avant-coureur, franchissant, d'un bond, toutes les étapes intermédiaires de la science, et s'emparant, tout à coup, des résultats postérieurs que devait avoir cette découverte, se fût avisé de proposer, de prime-abord, au peuple parisien, d'éclairer sa ville au gaz; je ne doute pas, dis-je, que les érudits d'alors, riant aux éclats de la proposition, et haussant les épaules d'un mouvement de mépris et de pitié, n'eussent réclamé de la police, toujours prête à donner asile aux talents, le soin de pourvoir à la demeure de ce génie de Charenton. Cependant on eût, au bout de quelques années, reconnu de quel côté serait partie l'extravagance.

Les privilégiés actuels ne manqueront pas, je le sais, de me représenter ou comme un malheureux visionnaire, ou comme un effroyable perturbateur; mais, qu'importe! L'avenir, auquel je consacre mes faibles efforts, constatera la vérité à cet égard; et la justice des masses pèsera plus tard la justice aristocratique du jour. Il est probable que les jugements d'une postérité mieux instruite ne ressembleront pas à ceux des générations présentes. Nous nous avançons à grands pas sur le terrain du positif; et l'époque n'est peut-être pas fort éloignée où quiconque n'aura pas travaillé pour le bien de sa race, quelque talent qu'il ait déployé d'ailleurs dans sa spécialité, sera exposé, sinon à l'outrage de l'oubli, du moins à l'abaissement et à la transformation d'une célébrité devenue si triste que la mort la plus complète lui semblerait préférable. Qui sait si les statues de tous ces hommes, appelés maintenant héros, qui encombrent nos Panthéons, nos Musées et nos places publiques, ne seront prochainement précipitées de leurs piédestaux! Qui sait si ces fameux conquérants, dont l'antiquité nous a laissé les noms, et tous ceux encore que les temps modernes ont vu passer, avec tant de pompe, sous des arcs de triomphe, ne s'effaceront pas bientôt devant de simples citoyens qui, au lieu d'employer leur intelligence à exploiter leurs semblables, l'auront généreusement consacrée à les protéger contre les efforts de la tyrannie ! A juger des réformes immenses que pourront enfanter les temps à venir, par la tournure sévère que prennent les jeunes esprits d'aujourd'hui, ne dirait-on pas que la vérité, voulant à la fin remplacer le mensonge sur la terre, s'apprête à briser toutes ces fausses idoles qui ne furent, à les bien peser, que les polichinelles ou les ogres de leurs siècles, pour leur substituer quelques malheureux plébéiens qui succombèrent victimes de l'ignorance des leurs?

Si mes doctrines, au reste, entraînent, dans leur application, des conséquences funestes pour la minorité, dois-je en prendre souci ? Non ; je ne saurais entrer dans un examen de détail. Mes yeux n'aperçoivent que l'excellence et l'immensité du résultat préconçu. Pour moi, les intérêts fractionnaires de la partie se fondent et disparaissent dans ceux de l'universalité. L'état de persuasion où je suis, que l'homme doit compte à son espèce des idées qu'il croit propres à pousser à l'amélioration générale, m'impose la loi de parler, sans écouter les considérations particulières. Eh! que font les calomnies, les cachots, même le tranchant fatal à qui croit remplir un devoir? La conscience n'a-t-elle pas des compensations?

Ce n'est pas d'aujourd'hui que mes frères d'opinion et moi, nous nous sommes dévoués. Quand nous embrassâmes bénévolement la terrible mission de réformateurs, nous n'ignorions pas queles tribulations nous étaient réservées. Nos cœurs s'y étaient préparés d'avance. Nous savions que ce n'est que par le sang des martyrs que les religions fleurissent, et nous étions, dès longtemps, disposés à verser jusqu'à la dernière goutte du nôtre pour le culte de l'Égalité. Notre rôle a été déjà écrit dans l'histoire. Semblables aux flots d'une mer courroucée, qui disparaissent au fur et à mesure qu'il en surgit de nouveaux, nous devons, en soulevant les premiers la tempête populaire, nous abîmer aussi les premiers. Telle est la marche habituelle des révolutions. Leurs flammes dévorent d'abord ceux qui les ont allumées ; et les philanthropes méconnus, s'ils sont un jour payés de leur dévouement, ne le sont que par l'encens des générations postérieures. Les ennemis contemporains trouvent sans cesse moyen de les rendre odieux et de les abattre. Mais, encore une fois, qu'importe l'issue de la carrière, pourvu que la carrière ait été bien fournie ! Mourir la tête sur un oreiller ou sur un billot, la fin n'en arrive pas moins. Heureux celui qui peut se dire, en rendant son dernier souffle : J'ai fait quelque chose pour l'humanité !

FIN.

TABLE

DES MATIÈRES CONTENUES DANS CET OUVRAGE

Paris. — Imp. Bahtout, Questroy et Ce, 7, rue Baillif.

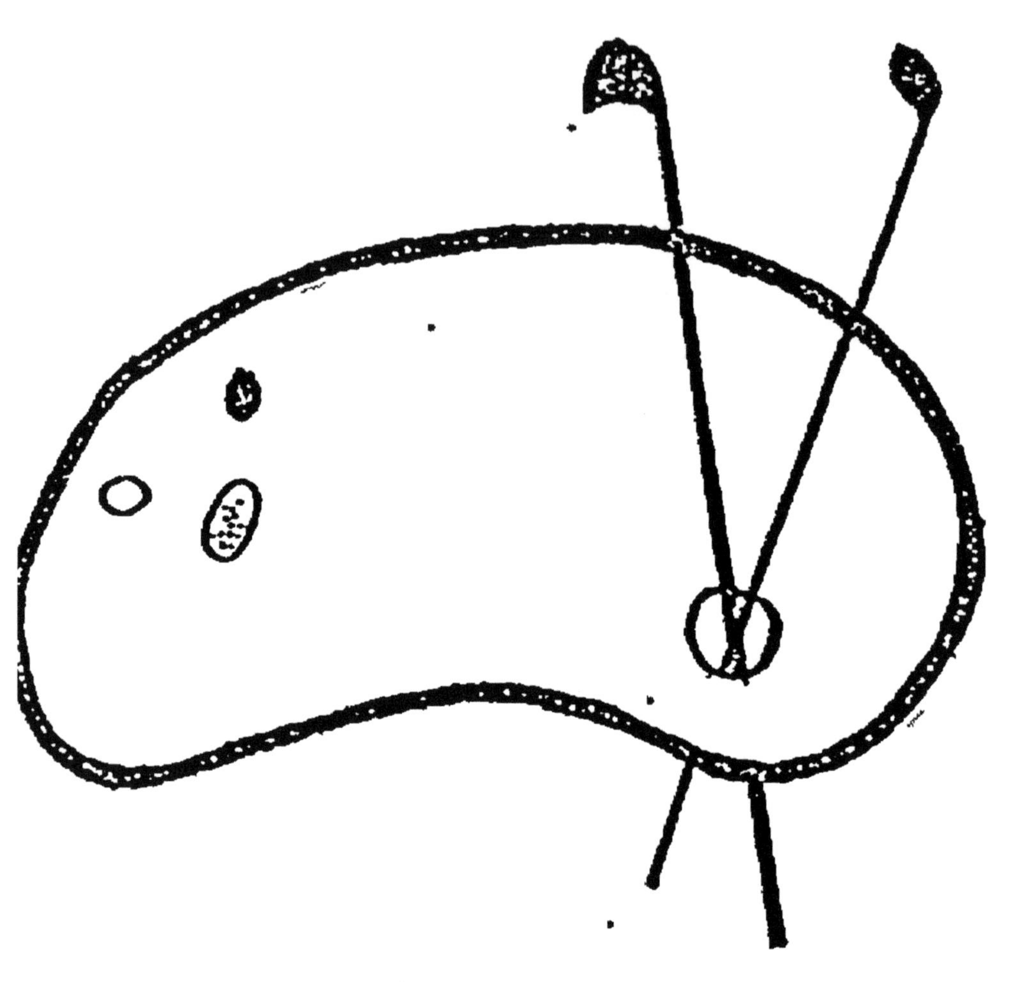

ORIGINAL EN COULEUR